ALEXANDER GOLDWEIN

STRATEGIE ZUM REICHWERDEN MIT IMMOBILIEN

MASTERKURS IMMOBILIENINVESTMENTS

M&E BOOKS VERLAG

Strategie zum Reichwerden mit Immobilien

Masterkurs Immobilieninvestments

Alexander Goldwein

ISBN 978-3-947201-02-0

2. Auflage 2017

© 2017 by M&E Books Verlag GmbH, Köln

M&E Books Verlag GmbH

Thywissenstraße 2

51065 Köln

Telefon 0221 – 9865 6223

Telefax 0221 – 5609 0953

www.me-books.de

info@me-books.de

Steuer-Nr: 218/5725/1344

USt.-IdNr.: DE310782725

Geschäftsführer: Vu Dinh

Die Deutsche Nationalbibliothek verzeichnet diese Publikation in der Deutschen Nationalbibliographie. Detaillierte bibliographische Daten sind im Internet über http://dnb.de abrufbar.

VORWORT

Auch Sie können Erfolg haben als privater Wohnimmobilieninvestor und Ihrem Vermögen eine neue Perspektive geben und finanzielle Unabhängigkeit erlangen. Diese Buchreihe setzt keine Vorkenntnisse voraus und ist auch für Anfänger geeignet. Sie gliedert sich in insgesamt 5 Teile, die jeweils als Taschenbuch und Ebook erscheinen. Sie können die Teile hintereinander durcharbeiten und erhalten so eine praktische Ausbildung zum Immobilieninvestor. Da die einzelnen Teile in sich abgeschlossene Darstellungen enthalten, können Sie diese auch separat lesen, um punktuell Ihr Wissen zu vertiefen.

Alternativ können Sie auch meine Gesamtdarstellung in dem Buch "**Geld verdienen mit Wohnimmobilien**" erwerben. In der Gesamtdarstellung werden alle Themen rund um Kapitalanlagen in Immobilien behandelt und mit konkreten Beispielen erklärt. Wenn Sie noch keine Kenntnisse haben und sich umfassend informieren wollen, ist die Gesamtdarstellung "Geld verdienen mit Wohnimmobilien" für Sie geeignet. Wenn Sie nur punktuell Ihr Wissen vertiefen wollen, wäre der entsprechende Teil dieser Buchreihe für Sie geeignet.

In diesem Teil der Buchreihe finden Sie eine allgemeine Einführung in die Grundlagen und die Ableitung einer Investmentstrategie für Immobilien. Sie lernen, warum Kapitalanlagen in Immobilien so attraktiv sind und wie man davon profitieren kann.

Darüber hinaus umfasst die Buchreihe folgende weitere Teile:

- Immobilien professionell suchen, prüfen und kaufen
- Immobilien richtig finanzieren und kalkulieren
- Immobilienkauf- und Bauvertrag rechtssicher abschließen
- Immobilien erfolgreich vermieten und Steuern sparen

Ich bin Wirtschaftsjurist mit einer Spezialisierung im Immobilienrecht. Mit Kapitalanlagen in Immobilien bin ich innerhalb weniger Jahre self-made Millionär geworden. Als Autor und Berater habe ich zahlreiche Menschen zu wirtschaftlichem Erfolg geführt. Mehrere meiner praktischen Ratgeber zu Immobilien sind Bestseller Nr. 1 bei Amazon geworden.

Ich wünsche Ihnen viel Spaß beim Lesen und eine glückliche Hand bei Ihren Kapitalanlagen in Immobilien!

Alexander Goldwein

INHALTSVERZEICHNIS

7

1. EINLEITUNG

Ich gebe zu, dass der Titel dieses Buches auf den ersten Blick etwas reißerisch wirkt. Gleichwohl bin ich davon überzeugt, dass Investitionen in Wohnimmobilien bei einer Gesamtbetrachtung und bei richtiger Auswahl und Bewirtschaftung ertragreich und lukrativ sind. Diese Einschätzung wird untermauert durch Steuerprivilegien, die Sie bei Kapitalanlagen in Wohnimmobilien genießen. Das Thema ist komplex und ein weites Feld. Aber ich verspreche Ihnen, dass Sie auch ohne Vorkenntnisse in der Lage sein werden, sich mit Hilfe dieses Strategieratgebers erfolgreich zum privaten Immobilieninvestor aufzuschwingen. Ich werde Sie Schritt für Schritt an die entscheidenden Fragen heranführen. Dabei arbeite ich auch mit Praxisbeispielen, die teils eigene Investments darstellen und teils aus meiner Beratungspraxis für Investoren stammen. Sie können sich auf eine praxisorientierte und gründliche Einführung in das Thema freuen. Ich bin zuversichtlich, dass ich Ihnen etwas von der aufregenden Welt eines privaten Immobilieninvestors vermitteln kann, das auch in Ihnen den Funken der Begeisterung weckt und Sie in eine neue Dimension führt: Heraus aus der Welt der ausschließlichen Vermarktung Ihrer Arbeitskraft als Angestellter oder Arbeiter und hinein in die Welt der Investoren, die Kapital (sowohl eigenes als auch fremdes) für sich arbeiten lassen.

2. KANN MAN MIT WOHNIMMOBILIEN WIRKLICH GELD VERDIENEN?

Diese von Skepsis getränkte Frage wird mir häufig gestellt. Meine Antwort darauf fällt immer gleich aus: Man kann jede Menge Geld mit Wohnimmobilien verdienen. Insbesondere in der gegenwärtigen Situation mit sehr niedrigen Darlehenszinsen und gleichwohl noch attraktiven Renditen von Wohnimmobilien gibt es kaum eine andere Anlageklasse, mit der sich so nachhaltig Geld verdienen lässt.

Investitionen in Wohnimmobilien schneiden bei einer Gesamtbetrachtung und bei richtiger Auswahl und Bewirtschaftung als Geldanlage sehr gut ab. Der Wohnimmobilienmarkt ist insbesondere in Deutschland für Investoren attraktiv und stabil, weil es einen hohen Prozentsatz von Mietern in der Bevölkerung gibt. Das hängt sicherlich auch mit einem hohen Maß an Rechtssicherheit zusammen, von dem sowohl die Investoren als auch die Mieter profitieren. Dazu gehört z.B. der Umstand, dass Mieter von Wohnraum Kündigungsschutz genießen und, dass Vermieter die Miete auch ohne einen Mieterwechsel erhöhen können. Allein diese beiden Beispiele zeigen, dass die rechtlichen Rahmenbedingungen in Deutschland sehr ausgewogen sind und damit eine solide Grundlage für einen langfristig stabilen und lukrativen Wohnungsmarkt darstellen.

Das erklärt auch die Unterschiede zu anderen europäischen Staaten, in denen Menschen nur als Eigentümer sicher sein können, dass sie langfristig in der Immobilie bleiben können. Es ist daher bei genauer Betrachtung nicht so erstaunlich, dass Deutschland im europäischen Vergleich den höchsten Anteil an Mietern hat. Die nachfolgende Grafik weist die Zahlen für das Jahr 2014 aus und belegt damit eindrucksvoll, dass Deutschland mit großem Abstand Europameister beim Anteil der Mieter an der Bevölkerung ist.

Deutschland ist Miet-Europameister

Anteil der Bevölkerung, der zur Miete wohnt

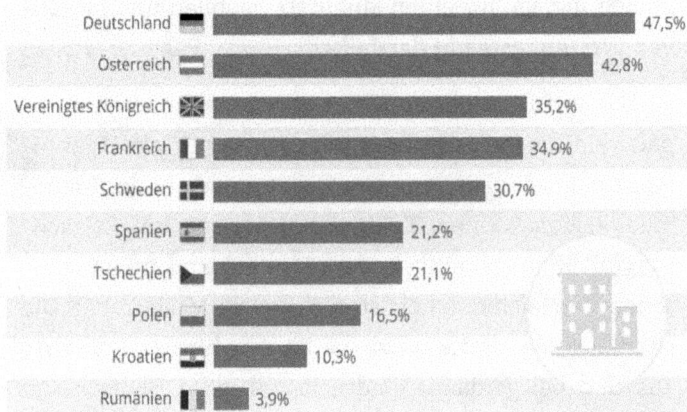

Land	Anteil
Deutschland	47,5%
Österreich	42,8%
Vereinigtes Königreich	35,2%
Frankreich	34,9%
Schweden	30,7%
Spanien	21,2%
Tschechien	21,1%
Polen	16,5%
Kroatien	10,3%
Rumänien	3,9%

Quelle: Eurostat
Stand: 2014
statista

Abbildung 1

Quelle: Eurostat (2014): „Deutschland ist Miet-Europameister"
von Andreas Grieß, zitiert nach de.statista.com,
URL: http://de.statista.com/infografik/4088/anteil-der-
bevoelkerung-der-zur-miete-wohnt/, Abruf am 25.03.2016

Diese Zahlen indizieren, dass Deutschland auch langfristig für Investoren in Wohnimmobilien attraktiv bleibt. Denn trotz gestiegener Mieten und trotz historisch niedriger Darlehenszinsen sind die Zahlen nahezu unverändert geblieben. Der Anteil der Mieter an der Gesamtbevölkerung ist nicht nennenswert gesunken.

Trotz steigender Mieten: Wohnkosten werden seltener als Belastung empfunden
Anteil der Haushalte in denen eine einzelne, erwachsene Person wohnt

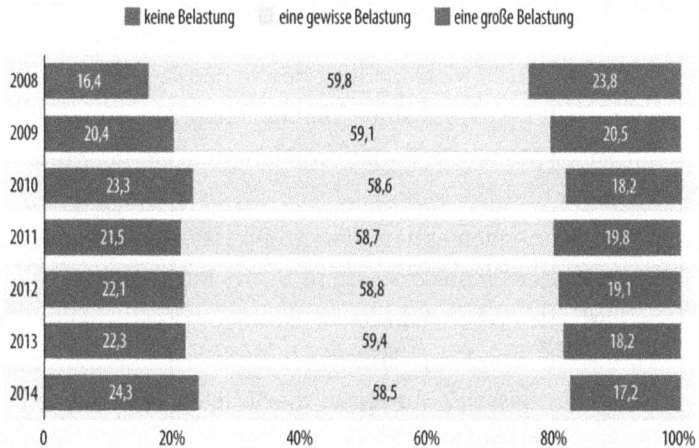

■ keine Belastung ▪ eine gewisse Belastung ■ eine große Belastung

	keine Belastung	eine gewisse Belastung	eine große Belastung
2008	16,4	59,8	23,8
2009	20,4	59,1	20,5
2010	23,3	58,6	18,2
2011	21,5	58,7	19,8
2012	22,1	58,8	19,1
2013	22,3	59,4	18,2
2014	24,3	58,5	17,2

0   20%   40%   60%   80%   100%

Quelle: Statistisches Bundesamt Frankfurter Allgemeine statista ◢

Abbildung 2

Quelle: Statistisches Bundesamt (2014): „Wohnkosten werden seltener als Belastung empfunden" von Andreas Grieß, zitiert nach de.statista.com,
URL: http://de.statista.com/infografik/4233/anteil-der-bevoelkerung-der-die-monatlichen-wohnkosten-fuer-den-haushalt-als-belastung-empfindet/, Abruf am 25.03.2016

Aus dieser Grafik können Sie darüber hinaus ablesen, dass die Mieter die Mieten trotz erheblicher Steigerungen in den vergangenen Jahren mehrheitlich nicht als große Belastung empfinden:

Das spricht dafür, dass die meisten Mieter mit ihrer Rolle zufrieden sind und keine Änderungen anstreben. Auch dieser Umstand stützt die Annahme, dass

Deutschland langfristig als Standort für Investitionen in Wohnimmobilien attraktiv bleiben wird.

Richtig ist aber auch, dass die Immobilienpreise in Großstädten und Metropolregionen in den letzten Jahren bedenklich gestiegen sind. Die üblichen Verdächtigen sind dabei München, Frankfurt, Hamburg, Berlin, Stuttgart, Köln und Düsseldorf. Wegen der in diesen Städten zu verzeichnenden extrem starken Preissteigerungen seit Ausbruch der Finanzkrise ergibt sich beim Kauf zum gegenwärtigen Preisniveau leider häufig eine sehr magere Rendite, die eine Kapitalanlage oft nicht mehr vernünftig erscheinen lässt. Zwar sind die Mieten an solchen Standorten ebenfalls stark angestiegen, aber in der Regel nicht so stark wie die Kaufpreise. Entscheidend für eine gute Rendite sind ja nicht allein die Mieten, sondern das Verhältnis von Kaufpreis und erzielbarer Miete. Das werde ich an späterer Stelle noch detailliert darstellen und Ihnen Eigenkapitalrenditen für konkrete und reale Investments vorrechnen, die (unter Berücksichtigung von Darlehensfinanzierungen) durchaus über 20% liegen können. Das liegt an dem günstigen Zinsumfeld, das besonders geeignet ist für die Hebelung der Eigenkapitalrendite durch einen hohen Darlehensanteil beim Erwerb einer Wohnimmobilie. Wenn Sie jetzt noch nicht verstehen, was das gerade Gelesene bedeutet, braucht Sie das nicht zu beunruhigen. An dieser Stelle geht es mir nur darum, Ihnen schlaglichtartig einige Highlights vorzustellen, die am Ende des Weges auf Sie warten. Sie müssen jetzt noch nicht alle Zusammenhänge verstehen. Sie werden diese Schritt für Schritt mühelos nachvollziehen können. Mein Markenzeichen als Buchautor ist Verständlichkeit und Praxisorientierung. Das verspreche ich! Das Schöne am Geld verdienen mit Kapitalanlagen in Wohnimmobilien ist, dass es (fast) ganz von allein weiterläuft, wenn die Erwerbsphase und die zumeist arbeitsintensive Managementphase der ersten 2 bis 3 Jahre absolviert sind. Sobald die Immobilie erworben, aufgewertet und mietvertraglich und mietzinstechnisch optimiert ist, sprudelt die Geldquelle von alleine weiter. Wichtig ist dabei, dass solche Immobilien gewählt werden, die sich aus den Mieterträgen selbst abzahlen, ohne dass weiteres Kapital zugeschossen werden muss. Wenn Sie die Immobilien so auswählen (wie das geht, werde ich Ihnen genau erklären), dann müssen Sie nur zu Anfang einen Eigenkapitalanteil in das Investment einbringen, der sich dann sehr ertragreich verzinst durch die Mieteinnahmen. Unter günstigen Bedingungen können Sie darüber hinaus am Ende der Bewirtschaftungsphase zusätzlich verdienen durch Realisierung eines Veräußerungsgewinns.

3. WIE VIEL KANN ICH VERDIENEN UND WIE VIEL MUSS ICH INVESTIEREN?

Diese Frage wird mir als Berater von Investoren sehr häufig gestellt. Eine Antwort auf diese Frage fällt etwas differenzierter aus, als Sie vielleicht vermuten würden.

Zunächst ist abstrakt festzuhalten, dass Sie **laufende Renditen** auf das eingesetzte Kapital verdienen können durch Vermietung der Wohnimmobilie. Die Rendite ist objektbezogen und hängt nicht so sehr von der Größe der Investition ab, sondern vielmehr vom Verhältnis der Anschaffungskosten zur erzielbaren Miete. Ganz vereinfacht ausgedrückt, wirft eine sehr preisgünstig eingekaufte Immobilie mit einer sehr hohen Miete die höchste Rendite ab.

Um es plakativ und überspitzt auf den Punkt zu bringen, folgende Beispiele: Wenn Sie eine Wohnung mit 100 m² für € 70.000 (inklusive Kaufnebenkosten) erwerben und diese für € 1.000 Nettomiete pro Monat vermieten, dann verdienen Sie eine sehr hohe Rendite von 17% pro Jahr (= € 12.000 Mieteinnahmen / € 70.000 Anschaffungskosten). Ein so traumhafter Deal ist natürlich selten. Wenn Sie die gleiche Wohnung für € 700.000 (inklusive Kaufnebenkosten) erwerben und ebenfalls für €

1.000 pro Monat vermieten, dann ist die Rendite sehr niedrig, nämlich 1,7% pro Jahr (= € 12.000 Mieteinnahmen / € 700.000 Anschaffungskosten). Je günstiger das Verhältnis von Kaufpreis zu den Mieteinnahmen, desto höher die Rendite. Klingt logisch und ist auch logisch. Muss man sich aber trotzdem erst einmal klar machen.

Darüber hinaus können Sie verdienen durch **Veräußerungsgewinne**, wenn Sie die Immobilie später wieder verkaufen und einen höheren Verkaufspreis erzielen als Ihre Anschaffungskosten waren. Dabei ist die gute Nachricht, dass ein solcher Veräußerungsgewinn **steuerfrei** ist, wenn bestimmte Voraussetzungen erfüllt sind. Eine der Voraussetzungen ist, dass Sie die Immobilie mindestens 10 Jahre lang gehalten haben müssen.

Beispiel:

Ein von mir beratener Investor hat Anfang 2003 ein Mehrfamilienhaus in München für rund € 400.000 gekauft. Anlässlich des Verkaufes Ende 2014 hat er mich noch einmal kontaktiert und begeistert mitgeteilt, dass er diese Immobilie nun für rund € 950.000 verkaufen konnte.

Das heißt, dass der Mann mal eben gut eine halbe Million Euro Veräußerungsgewinn steuerfrei eingenommen hat. Das ist zugegebenermaßen ein Fall, der sehr gut gelaufen ist. Er dürfte aber kein Einzelfall in München sein. Vielmehr dürften viele Investoren, die zu diesen Zeitpunkten ein- und ausgestiegen sind, entsprechend hohe Veräußerungsgewinne realisiert haben.

Wie viel Sie verdienen können, hängt natürlich auch davon ab, wie viel Eigenkapital Sie bereits haben. Ja, die Welt ist ungerecht. Wer viel hat, dem wird gegeben und wer wenig hat, der bekommt nichts dazu. Aber das ist kein Grund zum Verzagen. Denn Sie werden Beim Lesen dieses Ratgebers erkennen, dass es unter bestimmten Bedingungen auch mit einem Eigenkapital von beispielsweise € 50.000 möglich ist, durch Einsatz von Bankdarlehen eine Renditeimmobilie für beispielsweise € 400.000 zu kaufen. Bei dem derzeit günstigen Darlehenszinsniveau wäre das auch keine „Verzweiflungstat", sondern unter Eigenkapitalrenditeaspekten sogar ein kluger Schachzug. Sie sollten also unbedingt weiterlesen, auch wenn Sie tatsächlich „nur" € 50.000 Eigenkapital besitzen.

4. WELCHE VORAUSSETZUNGEN MUSS ICH ERFÜLLEN?

Auch diese Frage wird mir sehr häufig gestellt. Es ist eine sehr zentrale und wichtige Frage. Sie müssen zunächst die Bereitschaft mitbringen, sich in eine neue Welt hineinzudenken. Das heißt, dass Sie bereit sein müssen, die Gedankenwelt des Lohnarbeiters oder Gehaltsangestellten zu verlassen und in die Gedankenwelt des Investors einzutauchen. In der Welt des Investors warten sowohl Chancen als auch Risiken auf Sie. Daher müssen Sie bereit sein, kalkuliert Risiken einzugehen. Ganz ohne Risiken gibt es auch keine überdurchschnittlichen Verdienstchancen.

Darüber hinaus wartet natürlich auch etwas Arbeit auf Sie. Allerdings keine fremdbestimmte Arbeit, sondern Arbeit aus freien Stücken zur Erreichung eines Ziels. Ihre Motivation ist nicht das Lob eines Chefs oder eine monatlich eingehende Gehaltszahlung, sondern die Jagd nach Rendite und Wertsteigerungspotential. Aus einem Wertsteigerungspotential können sich nach Abschluss der Bewirtschaftungsphase beim Verkauf attraktive Veräußerungsgewinne ergeben. Ihr Einsatz besteht aus einem Grundstock an Eigenkapital und aus Ihrer Zeit. Sie müssen zunächst Zeit investieren, um Ihren

Verstand zu schulen für die neue Herausforderung. Das tun Sie z.B. gerade durch Lesen dieses Buches. Diese Zeit vergütet Ihnen niemand, aber sie ist ein unverzichtbares Investment in ein tragfähiges Fundament für Ihre Zukunft als erfolgreicher Wohnimmobilieninvestor. Auf dem Fundament, das Sie jetzt legen, soll künftig das Gebäude Ihres wirtschaftlichen Erfolges und Ihrer finanziellen Freiheit stehen. Daher ist diese Zeit gut investiert. Wenn Sie die Herausforderung annehmen und den Weg erfolgreich beschreiten, werden Sie irgendwann in der Zukunft an genau diese Zeilen und diesen Moment zurückdenken.

Das war bei mir vor fast 20 Jahren auch so. Allerdings war die Quelle meiner ersten Inspiration zum Umdenken kein Buch, sondern ein Freund, den ich in einer Sportgruppe kennengelernt hatte. Er war damals nur einige Jahre älter als ich, hatte aber bereits sehr viel Geld verdient mit Investments und erzählte immer wieder begeistert, was ihm gerade wieder geglückt ist. Ich hätte genervt reagieren und voller Neid denken können, dass ich diese Erfolgsgeschichten nicht hören will. Habe ich aber zum Glück nicht getan. Ich bin vielmehr neugierig geworden und wollte die Strategie dieses Freundes verstehen. Daher habe ich damals angefangen, mich genauer zu informieren und Fachliteratur zu lesen und Fragen zu stellen. An diese Erfahrung denke ich noch heute dankbar zurück. Und nun dürfen Sie raten, mit welchen Investments dieser Freund reich und unabhängig geworden ist. Es waren Investments in Wohnimmobilien. Und das zu einer Zeit als alle Welt davon sprach, dass der Segen nur in Aktien zu finden sei. Sie erinnern sich vielleicht noch an die verrückte Zeit des neuen Marktes um die Jahrtausendwende. Hätte dieser Freund damals in Aktien und nicht in Immobilien investiert, wäre er heute sicher deutlich weniger vermögend.

Darüber hinaus müssen Sie für Ihre Zukunft als erfolgreicher Investor eine Bank überzeugen, Ihnen Geld für die Anschaffung der Renditeimmobilie zu leihen. Dazu müssen Sie der Bank zwei Dinge plausibel machen: Zum ersten, dass Sie finanziell in geordneten Verhältnissen leben und zum zweiten, dass die Immobilie werthaltig ist, in die sie investieren wollen. Werthaltig meint, dass sie den Kaufpreis wert ist und zu diesem Preis (besser noch darüber) jederzeit wieder verkäuflich ist **und** darüber hinaus, dass die Mieteinnahmen die Darlehensraten (Zins und Tilgung) sicher abdecken. Je überzeugender Sie dabei argumentieren können, desto größer wird der prozentuale Anteil der Anschaffungskosten sein, den die Bank zu finanzieren bereit ist. Es müssen nicht 100% sein. Aber es sollten definitiv mehr als 50% sein, weil sonst Ihre Eigenkapitalbindung zu groß und Ihr Aktionsradius zu klein werden.

Die Rolle der Bank ist nicht zu unterschätzen. Sie sollten daher unbedingt alles daran setzen, diesen wichtigen Partner für Ihre Zukunft als Immobilieninvestor ins Boot zu holen. Wie Sie dabei am besten vorgehen, erkläre ich Ihnen detailliert an späterer Stelle. An dieser Stelle soll die Erkenntnis ausreichen, dass ohne eine Bank nicht viel geht und, dass es unverzichtbar ist, diese zu überzeugen.

Schließlich hat sich auf dem Weg zum erfolgreichen Immobilieninvestor ein planmäßiges und systematisches Vorgehen bewährt. Denn überdurchschnittliche Renditechancen fallen einem nicht in den Schoß. Sie müssen vielmehr planmäßig aufgespürt und strukturiert realisiert werden. Ein systematisches Vorgehen hat dabei den Vorteil, dass Sie das Risiko reduzieren, wichtige Punkte zu übersehen und einen Fehlgriff zu machen. Darüber hinaus spart es Zeit und Kraft, systematisch vorzugehen bei der Jagd nach Rendite und Wertsteigerungspotential. Genau dabei wird Ihnen dieses Buch helfen. Sie müssen das Rad nicht neu erfinden, sondern können von den Erfahrungen anderer profitieren.

5. WIE WERDE ICH VOM LAIEN ZUM PROFI?

Das werden Sie durch den Aufbau von grundlegendem Wissen über den Wohnimmobilienmarkt und die Investmentstrategien. Mindestens genau so entscheidend sind jedoch die Erfahrungen, die Sie machen. Eine glückliche Hand bei Immobilieninvestments hat viel mit Erfahrungsschatz zu tun.

Sie sollten daher beim ersten Immobilienkauf nicht direkt Ihren Aktionsradius voll ausschöpfen und gleich ein Wohnhaus mit 20 Wohnungen kaufen. Fangen Sie lieber klein an und sammeln Sie in kleinem Maßstab zunächst Erfahrungen. Auch mit dem Kauf einer einzigen Eigentumswohnung kann man eine Rendite erwirtschaften und sich die Chancen auf Veräußerungsgewinne erschließen. Wenn das erste Investment gut läuft, fällt dabei wie von selbst als Nebeneffekt ab, dass Sie laufende Erträge aus der Immobilie erzielen (so sollte es jedenfalls sein). Mit diesem generierten Cash-Flow nähren Sie kontinuierlich Ihre Eigenkapitalbasis und Ihr Nettovermögen. Damit können Sie bei der Bank Überzeugungsarbeit leisten für die Finanzierung eines weiteren Immobilienkaufes. Denn immerhin können Sie dokumentieren, dass das erste Investment erfolgreich war und Nettoerträge störungsfrei sprudeln.

Wenn das erste Investment nicht erfolgreich sein sollte, dann bietet das die Chance, in kleinerem Maßstab die Bewältigung von Problemen praktisch zu erlernen und Fehlerquellen beim nächsten (vielleicht dann viel größeren) Investment zu vermeiden. Dann ist es gut für Sie, wenn Sie weniger Lehrgeld bezahlen, weil der Umfang des ersten Investments kleiner ist.

6. GRUNDÜBERLEGUNGEN ZUR RENDITE VON WOHNIMMOBILIEN

Bei der Entscheidungsfindung über den Kauf einer Immobilie als Renditeobjekt müssen Sie zunächst einmal Überlegungen anstellen zur möglichen Rentabilität. Eine zumindest überschlägige Berechnung der erzielbaren Rendite ist ein erster Informationsbaustein für die Entscheidung. Die mit einer Immobilie erzielbare Rendite hängt von verschiedenen Eckdaten ab. Dazu gehören als wichtigste Faktoren der Kaufpreis und die erzielbare Miete pro Jahr. Mit der Rendite ist dabei die Verzinsung des eingesetzten Kapitals pro Jahr gemeint, die aus Mieteinnahmen erwirtschaftet wird. Wie Sie die mögliche Rendite einer Immobilie aus den verfügbaren Eckdaten Schritt für Schritt selbst kalkulieren können, möchte ich Ihnen wie folgt erklären.

a) Errechnung der Rendite

Zunächst müssen Sie die **Anschaffungskosten** der Immobilie ermitteln. Dazu gehört selbstredend der zu bezahlende Kaufpreis für die Immobilie. Darüber hinaus sind weitere Kosten zu berücksichtigen, die einmalig beim Kauf anfallen. Dazu gehören die Grunderwerbs-steuer (zwischen 3,5% und 6,5% des Kaufpreises) sowie die Kosten für die notarielle Beurkundung des Kaufver-trages und der Eigentumsumschreibung im Grundbuch (zusammen ca. 1,5% des Kaufpreises). Wenn Sie eine Maklerprovision zu zahlen haben, dann ist auch diese den Anschaffungskosten zuzurechnen.

Zusammenfassend kann man festhalten, dass die An-schaffungskosten sich wie folgt zusammensetzen:

- Kaufpreis
- Grunderwerbssteuer
- Notarkosten und Kosten für Umschreibung des Grundbuches
- Ggf. Maklerprovision

Wenn Sie eine Maklerprovision von beispielsweise 4% (inkl. MWSt.) zahlen müssen und die Immobilie in ei-nem Bundesland mit 6,5% Grunderwerbssteuer (z.B. Nordrhein-Westfalen) liegt, ergeben sich daraus insge-samt Kaufnebenkosten in Höhe von 12% des Kaufpreises (= 4% + 6,5% + 1,5%). Die exakte Berechnung der Er-werbsnebenkosten wird weiter unten detailliert bespro-chen. Sie können für die Berechnung auch das als Bo-nusmaterial zu diesem Buch verfügbare Berechnungstool verwenden.[1] An dieser Stelle lassen wir uns aus Verein-

---

[1] Das Berechnungstool können Sie unter der folgenden eMail-Adresse anfordern: mk2@alexander-goldwein.de. Eine detail-

fachungsgründungen unterstellen, dass die Kaufnebenkosten im Normalfall ca. 12 % des Kaufpreises betragen.
Das ist ein sehr guter Näherungswert.

Der zweite Wert für die Ermittlung der möglichen
Rendite der Immobilie ist die **Jahresnettomiete**. Damit
ist die Miete ohne die Nebenkosten gemeint. Die Nebenkosten, die auf den Mieter abgewälzt werden, stellen natürlich keinen Ertrag des Vermieters dar, sondern nur
durchgereichte Betriebskosten. Deshalb setzen Sie nur
die Nettomiete ohne die Nebenkosten an. Dabei ist wichtig, dass Sie die nachhaltig und auch langfristig erzielbare
Jahresnettomiete ansetzen, damit keine verfälschten Er-
gebnisse herauskommen. Ist die Immobilie nicht vermietet, so müssen Sie die erzielbare Miete aus anderen Quel-
len ableiten wie z.B. dem Mietspiegel der Stadt, in der die
Immobilie liegt. Wie das genau funktioniert, erkläre ich
Ihnen später im Detail.

Aus diesen beiden Werten lässt sich nun die mögliche
Rendite der Immobilie errechnen indem die Jahresnettomiete durch die Anschaffungskosten geteilt wird.

$$\frac{\textbf{Jahresnettomiete}}{\textbf{Anschaffungskosten}} = \textbf{Rendite}$$

lierte Benutzungsanleitung für das Rechentool finden Sie in
meinem Buch „Immobilien richtig finanzieren und kalkulieren".

Ich möchte Ihnen das anhand eines Beispiels vorrechnen.

Beispiel:

Kaufpreis Mehrfamilienhaus mit 4 Wohnungen:	€ 300.000
Kaufnebenkosten (12 %):	€ 36.000
Summe Anschaffungskosten:	€ 336.000
Jahresnettomiete:	€ 24.000
=> Rendite p.a.: (= € 24.000 / € 336.000)	7,14%

Die Berechnung der möglichen Rendite nach dieser einfachen Formel liefert Ihnen bereits eine überschlägige Einschätzung der möglichen Rentabilität der Immobilie. Sie lässt sich bei vermieteten Immobilien einfach berechnen, weil die konkret vereinbarte Miete aus den Mietverträgen bekannt ist.

Allerdings ist die so errechnete Rendite ein relativ grober Wert, der noch verfeinert werden muss. Vielleicht ahnen Sie schon, welche Umstände bei der Berechnung bisher ausgeblendet worden sind: Die Instandhaltungskosten. Denn Sie sind aus dem Mietvertrag gegenüber dem Mieter verpflichtet sind, die Immobilie in einem gebrauchsfähigen Zustand zu halten.[2] Davon abgesehen haben Sie als Eigentümer natürlich auch ein Eigeninteresse, für den Substanzerhalt und Werterhalt der Immobilie zu sorgen und erforderliche Reparaturen und In-

---

[2] Siehe §§ 535 ff. Bürgerliches Gesetzbuch (BGB).

standsetzungen durchzuführen. Die Höhe der jährlich zu veranschlagenden Instandhaltungskosten hängt natürlich auch vom Alter und Zustand der Immobilie ab. Wenn Sie einen Altbau mit frisch erneuertem Dach, neuen Fenstern komplett sanierter Hauselektrik kaufen, so ist natürlich mit anderen Werten für erwartete Instandhaltungskosten zu rechnen als wenn Sie einen Altbau erwerben, bei dem diese Maßnahmen noch nicht durchgeführt worden sind und in absehbarer Zeit noch anstehen. Für überschlägige Berechnungen ist es möglich, Durchschnittswerte anzusetzen, die sich aus langjähriger Erfahrung für den Normalfall ergeben. Mit einem Durchschnittswert von 10 bis 14 € pro m^2 und Jahr kann man durchaus realistisch rechnen.

Darüber hinaus ist die Jahresnettomiete um die nicht umlagefähigen Verwaltungskosten zu reduzieren. Sie können nämlich im Mietvertrag leider nicht alle Nebenkosten auf den Mieter abwälzen. Die Verwaltungskosten sind neben den Instandhaltungskosten der zweite Kostenblock, den Sie als Vermieter selbst tragen müssen. Folglich haben diese Kosten Einfluss auf Ihre Rendite.

Wenn Sie nun die zu erwartenden Instandhaltungskosten und die nicht umlagefähigen Verwaltungskosten von der Jahresnettomiete abziehen, so wird sich der Wert für die Rendite nach unten korrigieren. Ich möchte Ihnen das an der Weiterentwicklung des obigen Beispiels verdeutlichen:

Beispiel:

Kaufpreis Mehrfamilienhaus mit 4 Wohnungen:	€ 300.000
Kaufnebenkosten (12 %):	€ 36.000
Summe Anschaffungskosten:	€ 336.000
Jahresnettomiete:	€ 24.000
Wohnfläche:	250 m^2
Instandhaltungskosten p.a. (€ 10 pro m^2):	€ 2.500.
Verwaltungskosten p.a. (€ 240 pro Wohnung):	€ 960
=> angepasste Jahresnettomiete:	€ 20.540
=> Rendite p.a.: (= € 20.540 / € 336.000)	6,11%

Die so errechnete Rendite ist schon ein deutlich aussagekräftigerer Wert. Wie Sie sehen, hat sich die Rendite durch Berücksichtigung der durchschnittlichen Instandhaltungskosten und der nicht auf den Mieter umlegbaren Verwaltungskosten bereits um ca. 1% nach unten entwickelt.

Bei dieser Berechnung behalten Sie natürlich im Hinterkopf, dass ein überdurchschnittlich guter oder schlechter baulicher Zustand der Immobilie eine Modifizierung der Durchschnittswerte für Instandhaltungskosten erfordert. Alternativ ist es möglich und im Ergebnis wohl naheliegender, den aktuell anstehenden Instandsetzungsaufwand beim Ankauf der Immobilie überschlägig zu quantifizieren und als weiteren einmaligen Zuschlag den Anschaffungskosten hinzuzurechnen. Diese

Position könnte man als erweiterte Anschaffungskosten bezeichnen:

Erweiterte Anschaffungskosten sind:

- Kaufpreis
- Grunderwerbssteuer
- Notarkosten und Kosten für Umschreibung des Grundbuches
- Ggf. Maklerprovision
- Einmalige Instandsetzungskosten nach dem Kauf

Für die Berechnung der Rendite ergibt sich in einem solchen Fall eine leicht angepasste Formel:

$$\frac{\textbf{Jahresnettomiete}}{\textbf{Erweiterte Anschaffungskosten}} = \textbf{Rendite}$$

Aus einer solchen Berechnung ergibt sich dann natürlich ein nochmals nach unten korrigierter Wert der möglichen Rendite.

b) Vervielfältiger

Die Rendite einer Immobilie sagt etwas über den Ertrag aus, den die Immobilie pro Jahr abwirft. Wenn man den jährlichen Mietertrag zu den Anschaffungskosten ins Verhältnis setzt, dann ergibt sich daraus der so genannte Vervielfältiger oder Multiplikator.

$$\frac{\text{Anschaffungskosten}}{\text{Jahresnettomiete}} = \text{Vervielfaeltiger}$$

Dieser Wert gibt an, wie viele Jahre es dauert, bis Sie als Immobilieninvestor das eingesetzte Kapital für die Anschaffung der Immobilie über Mieteinnahmen wieder erwirtschaften. Manche bezeichnen diesen Wert auch als Einkaufsfaktor oder Kapitalisierungsfaktor. Alle Begriffe meinen das gleiche und werden synonym verwendet.

Der Vervielfältiger sagt etwas über den Wert und die Wertschätzung der Immobilie durch den Markt aus. Bei einem Vervielfältiger von 14 würde es (vereinfacht ausgedrückt) also 14 Jahre dauern, bis die Anschaffungskosten über Mieteinnahmen wieder hereingeholt sind.

Beispiel:

Kaufpreis Mehrfamilienhaus mit 4 Wohnungen:	€ 300.000
Kaufnebenkosten (12 %):	€ 36.000
Summe Anschaffungskosten:	€ 336.000

Jahresnettomiete:	€ 24.000
=> Vervielfältiger: (= € 336.000 / € 24.000)	14

Der Vervielfältiger ist eine Größe, die mit der Lage und Bauqualität der Immobilie zusammenhängt: Gute Lage und gute Bauqualität = hoher Vervielfältiger und schlechte Lage und schlechte Bauqualität = niedriger Vervielfältiger.

Der Kehrwert des Vervielfältigers stellt die jährliche Rendite dar. Ein Vervielfältiger von 14 entspricht damit einer Rendite von 7,14% p.a. (= 1/14). Die folgende Tabelle weist beispielhaft die Werte der Renditen für bestimmte Vervielfältiger aus:

Vervielfälti-ger	25	20	16,7	14,3	12,5	11,1	10	9,1	8,3
Rendite	4%	5%	6%	7%	8%	9%	10%	11%	12%

Aus den Zahlen dieser Tabelle wird sofort ersichtlich, dass die Rendite bei einem hohen Vervielfältiger sinkt und bei einem niedrigen Vervielfältiger steigt. Diese Zahlen sagen damit Folgendes aus: Bei guten Immobilien in guten Lagen ist die Rendite wegen des geringeren Risikos von Leerstand niedriger, während sie bei schlechten Immobilien in schlechten Lagen wegen des höheren Risikos von Leerstand höher ausfällt. Bei Immobilien gelten mithin die gleichen Regeln wie für Kapitalanlagen im Allgemeinen: Eine hohe Rendite indiziert ein hohes Risiko und eine niedrige Rendite indiziert ein niedriges Risiko.

Wenn Sie auch für den Vervielfältiger einen möglichst aussagekräftigen Wert errechnen wollen, bietet sich auch dazu die Heranziehung einer um Instandhaltungskosten und Verwaltungskosten reduzierte Jahresnettomiete an. Darüber hinaus sollten auch die Anschaffungskosten durch die **Erweiterten Anschaffungskosten** (inklusive einmaliger Renovierungskosten nach dem Kauf) ersetzt werden, wenn absehbar ist, dass solche direkt nach der Anschaffung anfallen werden. Je realistischer Sie diese Eckdaten wählen, desto aussagekräftigere Werte für die Rendite und den Vervielfältiger erhalten Sie.

Die angepasste Formel lautet dann wie folgt:

$$\frac{\textbf{Erweiterte Anschaffungskosten}}{\textbf{justierte Jahresnettomiete}} = \textbf{Vervielfaeltiger}$$

c) Nachsteuerrendite

Die so berechnete Rendite ist jedoch auch noch kein endgültiger Wert, da weder Steuern, noch die in aller Regel anfallenden Kreditzinsen berücksichtigt sind. Es handelt sich insoweit um eine **Vorsteuerrendite** bei Unterstellung einer Vollfinanzierung mit Eigenkapital.

Die Berechnung einer **Nachsteuerrendite** unter Einbeziehung von Steuern ist komplizierter und hängt zudem vom persönlichen Einkommensteuersatz des Immobilieninvestors ab. Darüber hinaus sind bei der Errechnung der Nachsteuerrendite die Abschreibungen für Abnutzung zu berücksichtigen, aus denen sich im Regelfall Steuervorteile ergeben. All diese Dinge werden wir an späterer Stelle genauer beleuchten und insbesondere im Kapitel IX. auch konkret berechnen.

An dieser Stelle reicht es aus, zunächst als Merkposten festzuhalten, dass die errechnete Rendite noch kein endgültiger Wert ist. Das braucht uns aber nicht zu beunruhigen. Die überschlägig errechnete Rendite vor Darlehenszinsen und Steuern ist eine sehr wichtige und aussagekräftige Zahl, auf die wir die weiteren Überlegungen aufbauen können. Denn diese Zahl sagt etwas über die grundsätzliche Eignung einer Immobilie als Renditeobjekt aus. Wenn es nicht ausdrücklich anders erwähnt wird, ist in den nachfolgenden Ausführungen daher immer die Rede von dieser Rendite vor Steuern.

d) Veräußerungsgewinne

Darüber hinaus haben bei langfristiger Betrachtung Wertsteigerungen einen Einfluss auf die Gesamtrendite einer Immobilieninvestition. Die Gesamtrendite kann sich am Ende beim Verkauf der Immobilie noch einmal erheblich verbessern durch Veräußerungsgewinne. Dabei kommt dem Immobilieninvestor zugute, dass Veräußerungsgewinne steuerfrei vereinnahmt werden können, wenn die Immobilie mindestens 10 Jahre lang gehalten worden ist. Die gute Nachricht ist daher, dass es bei geschickter Auswahl und Bewirtschaftung der Immobilie am Ende noch einen steuerfreien Zusatzgewinn geben kann. Dazu erfahren Sie an späterer Stelle mehr. Hier belassen wir es zunächst bei der Information, dass es da noch ein Thema für die Zukunft gibt, das einen positiven Einfluss auf den ermittelten Renditewert haben kann. Wenn die Immobilie jedoch schlecht eingekauft worden ist, kann sich daraus am Ende des Tages auch ein Veräußerungsverlust ergeben, der die Rendite nach unten zieht.

7. DIE OPTIMALE STRATEGIE FÜR RENDITEIMMOBILIEN

Sie haben jetzt schon einige grundlegende Dinge über die Beurteilung von Renditeimmobilien erfahren, die Sie in den Stand versetzen, sich zu einem Immobilienangebot eines Maklers eine schnelle und überschlägige Meinung zu bilden und zu entscheiden, ob Sie es auf die Seite legen oder weiter in Erwägung ziehen sollten. Damit wissen Sie schon deutlich mehr als die meisten Menschen, die ihr Leben lang nur für andere Menschen arbeiten und nichts anderes im Kopf haben als den Stundenlohn, den sie dafür erhalten. In den folgenden Abschnitten werde ich Sie tiefer in die Gedankenwelt eines Immobilieninvestors hineinführen.

Ein erfolgreicher Immobilieninvestor kauft nicht einfach irgendwelche Immobilien, die gut aussehen und sich in guten Lagen befinden. So schick eine Jugendstilfassade, Stuckdecken und kunstvoll gearbeitete Holzkassetten-Flügeltüren in 3,80 m hohen Räumen auch sein mögen. Diese Merkmale an sich sagen noch gar nichts über die Rentabilität aus. Eine erfolgreiche Strategie ist vielmehr darauf ausgerichtet, ganz bestimmte Immobilien ausfindig zu machen, die mehr Ertrag versprechen als andere. Wie eine solche Strategie in den Grundzügen aussieht, erfahren Sie in den folgenden Abschnitten.

a) Laufende Mietrenditen mit Steigerungspotential

Ein erfolgreicher Immobilieninvestor interessiert sich nicht nur für den Ist-Zustand einer Renditeimmobilie und für die gegenwärtige Vermietung und die sich daraus ergebende Anfangsrendite. Vielmehr ist sein Blick auf eine mögliche Steigerung der Rendite gerichtet. Da die laufende Rendite mit der aktuellen Jahresnettomiete zusammenhängt, kann die Rendite nur erhöht werden, wenn die Miete erhöht wird. Vor diesem Hintergrund gleicht ein Immobilieninvestor für die Kaufentscheidung das Niveau der aktuellen Mieten mit den am Markt nachhaltig erzielbaren Mieten ab. Stellt er dabei fest, dass die gegenwärtig fließenden Mieteinnahmen bei der Zielimmobilie unter den marktüblichen Mieten liegen, dann ist das ein Umstand, der den Immobilieninvestor freut.

„Warum denn das?" höre ich Sie erstaunt fragen. „Ich habe doch immer gelesen, dass Wohnungen möglichst gut vermietet sein sollen, damit sie ordentlich Profit abwerfen." Grundsätzlich haben Sie ja Recht. Aber wenn Sie eine Immobilie kaufen, wird sich der Kaufpreis der Immobilie sehr stark nach den gegenwärtigen Mieteinnahmen richten, die mit einem Vervielfältiger multipliziert werden, um den angesessenen Marktwert zu ermitteln. Vor diesem Hintergrund ist es für Sie als Kaufinteressent gut, wenn die gegenwärtige Miete unter der potentiell erzielbaren Marktmiete liegt. Denn das kann Ihre

Chance sein, die Immobilie unterhalb des Marktwertes einzukaufen, für den ja die vereinbarte Miete eine wichtige Rolle spielt. Darüber hinaus bedeutet das, dass die aktuelle Rendite noch steigerungsfähig ist. Denn es gibt die Möglichkeit, Mieterhöhungen durchzusetzen, um diese an die Marktmiete anzupassen.[3] Daraus kann sich die Chance ergeben, die Immobilie unter dem nachhaltigen und langfristigen Wert einzukaufen und mit einer Mieterhöhung nach dem Kauf die Rendite nach oben zu ziehen. Das sind genau die Immobilien, die ein kluger Investor sucht.

Der Vervielfältiger ist (wie wir oben gesehen haben) ein Wert, der von der Lage und vom Zustand der Immobilie abhängt und nicht von der aktuellen Vermietung. Aus dem Zusammenspiel mit einer Vermietung unter dem Marktwert ergibt sich daraus ein für Sie attraktiver Kaufpreis, der Spielraum für eine Wertentwicklung nach oben gibt durch Anhebung der Mieten nach Erwerb der Immobilie. Wie das geht und welche rechtlichen und wirtschaftlichen Spielräume dazu bestehen, erkläre ich später detailliert. An dieser Stelle sollen Sie zunächst nur erkennen, dass ein Abgleich der nachhaltig erzielbaren Miete mit der tatsächlichen Miete einer zum Kauf angebotenen Immobilie eine Aussage darüber zulässt, ob die

---

[3] Zur Vertiefung verweise ich in diesem Zusammenhang auf mein weiteres Buch mit dem Titel „Vermietung & Mieterhöhung – Wegweiser zu Ihrem Erfolg". Das Buch ist bereits in zweiter Auflage erschienen. Sie finden es auf der folgenden Internetseite: http://amzn.to/22FlloI

anfängliche Rendite sich steigern lässt und damit (als Nebeneffekt) auch noch Wertsteigerungspotential eröffnet.

b) Chance auf Wertsteigerung und Veräußerungsgewinne

Diese Überlegungen sind eine gute Überleitung zu unserem nächsten Thema. Der Kauf und die Bewirtschaftung einer Renditeimmobilie sind ein langfristiges Projekt. Wie langfristig? Ganz einfach: Mindestens 10 Jahre! Und zwar aus steuerrechtlichen Gründen. Denn Veräußerungsgewinne bei Renditeimmobilien können steuerfrei vereinnahmt werden, wenn die Immobilie mindestens 10 Jahre lang im Privatvermögen gehalten worden ist.[4]

Was sollten Sie in diesen 10 Jahren tun? Auf jeden Fall sollten Sie die Mieten kassieren und versuchen, Leerstand zu vermeiden. Für eine nachhaltige und intelligente Wertentwicklungsstrategie sollten Sie darüber hinaus aber noch mehr tun: Sie sollten in jedem Fall bei einem Mieterwechsel und bei einer Neuvermietung der Wohnung die Mieten erhöhen. Bei einer Neuvermietung sollten Sie darauf achten, vorteilhafte Regelungen für Sie

---

[4] Ich verweise dazu auf die vertiefenden Ausführungen in meinem Buch „Immobilien erfolgreich vermieten und Steuern sparen".

als Vermieter zu vereinbaren, die künftige Mieterhö-hungsmöglichkeiten auch ohne Mieterwechsel in größt-möglichem Umfang sicherstellen.[5] Denkbar sind z.B. Staffelmietvereinbarungen oder Indexmietvereinbarun-gen, die künftige Mietsteigerungen an die allgemeine Preissteigerungsrate des Statistischen Bundesamtes ge-koppelt vorsehen.

Darüber hinaus ist an Mietsteigerungsmöglichkeiten in laufenden Mietverträgen zu denken, wenn die aktuel-le Miete unterhalb der ortsüblichen Vergleichsmiete liegt. Denn auch ohne einen Mieterwechsel ist die Erhö-hung der Miete möglich. Allerdings hängen die Möglich-keiten dann stark von der Marktlage ab, die sich im Mietspiegel oder in der aktuellen Marktmiete für ver-gleichbare Wohnungen ausdrückt.[6] Durch diese Maß-nahmen erreichen Sie, dass Sie die Mieteinnahmen für die Immobilie in einem Zeitraum von 10 Jahren erheblich steigern können, was die laufende Rendite nach oben zieht. Darüber hinaus ziehen Sie so mit der Jahresnetto-miete auch eine entscheidende Rechengröße für den Verkaufspreis mit nach oben. Denn der Kaufpreis einer

---

[5] Zur Vertiefung verweise ich in diesem Zusammenhang auf mein weiteres Buch mit dem Titel „Vermietung & Mieterhö-hung – Wegweiser zu Ihrem Erfolg". Sie finden das Buch auf der folgenden Internetseite: http://amzn.to/22FlloI

[6] Ich verweise dazu auf § 558 des Bürgerlichen Gesetzbuches (BGB) und auf die ausführlichen Erklärungen in meinem weite-ren Buch mit dem Titel „Vermietung & Mieterhöhung – Weg-weiser zu Ihrem Erfolg". Sie finden das Buch auf der folgenden Internetseite: http://amzn.to/22FlloI

Immobilie ergibt sich ja aus den jährlichen Netto-
mieteinnahmen und dem Vervielfältiger.

Noch einmal zur Verdeutlichung die relevanten For-
meln:

Verkaufspreis[7] = Vervielfältiger x Jahresnettomiete

< = >

$$\frac{\textbf{Verkaufspreis}}{\textbf{Jahresnettomiete}} = \textbf{Vervielfaeltiger}$$

Eine wirklich intelligente Wertsteigerungsstrategie
geht aber noch weiter und nimmt auch den Vervielfältiger als zweite wesentliche Rechengröße für den Marktwert und den erzielbaren Verkaufspreis einer Immobilie
in den Blick.

Wie wir oben erfahren haben, hängt der Vervielfältiger von der **Lage** und vom **baulichen Zustand** der Immobilie ab. Je besser die Lage und der bauliche Zustand
sind, desto höher der Vervielfältiger. An der Lage selbst
können wir natürlich nichts mehr ändern. Wenn Sie eine
geschickte Standortwahl getroffen haben und die Ent-

---

[7] Hinweis: Bei der Anschaffung der Renditeimmobilie werden
die Kaufnebenkosten (Grunderwerbssteuer, Notarkosten, Mak-
lerkosten) in die Berechnung eingestellt. Beim Verkauf werden
sie fortgelassen, weil die Kaufnebenkosten Sie als Verkäufer
nicht treffen, sondern den Käufer.

wicklung Ihnen in die Hände spielt, entwickelt sich das Umfeld der Immobilie positiv und zieht damit den Vervielfältiger nach oben. Darauf haben Sie jedoch keinen Einfluss mehr, nachdem die Standortwahl getroffen und der Kauf getätigt ist.

Sie haben als Investor aber sehr wohl die Möglichkeit, den **baulichen Zustand** der Immobilie zu optimieren und damit den Vervielfältiger im Bewirtschaftungszeitraum positiv zu beeinflussen. Das können Sie z.B. bewerkstelligen, in dem Sie vor der Neuvermietung einer freiwerdenden Wohnung in Ihrem Haus eine Renovierung vornehmen. Das hat darüber hinaus den positiven Nebeneffekt, dass Sie eine Wohnung mit einem sanierten Bad und erneuertem Fußbodenbelag (z.B. Natursteinfliesen oder Laminat) auch zu einem höheren Preis vermieten können. Dabei ist eine Abwägung zu treffen zwischen den Kosten der Renovierung und dem Nutzen durch höhere Erträge. In aller Regel rechnen sich solche Maßnahmen relativ schnell und machen sich beim Verkauf der Immobilie noch einmal bemerkbar durch einen positiv beeinflussten Vervielfältiger und folglich einen höheren Verkaufspreis. Schließlich können die Kosten für Renovierungsmaßnahmen von der Steuer abgesetzt werden.[8] Das senkt den tatsächlichen Aufwand dafür noch einmal erheblich.

---

[8] Ich verweise dazu auf die vertiefenden Ausführungen in meinem Buch „Immobilien erfolgreich vermieten und Steuern sparen".

Nachdem Ihnen diese Zusammenhänge nun klar geworden sind, werden Sie nicht mehr allzu überrascht sein, wenn ich Ihnen verrate, dass ein kluger Investor besonders nach solchen Immobilien Ausschau hält, die sich mit vertretbarem Aufwand, aber mit optisch durchschlagender Wirkung baulich verbessern lassen, weil auch das Wertsteigerungspotential in sich birgt. Im Idealfall sind sehr teure und für den Mieter weniger sichtbare Maßnahmen wie z.B. Dachsanierungen, Sanierung der Hauselektrik u. ä. bereits erfolgt und es bleiben nur noch Maßnahmen übrig, die weniger teuer sind, aber optisch einen durchschlagenderen Effekt haben. Zu solchen Maßnahmen gehören z.B. eine Badsanierung und die Erneuerung der Fußböden.

c) Möglichst niedrige Steuern

Sicherlich haben Sie auch schon gehört, dass Leute Immobilien kaufen, um Steuern zu sparen. Und in der Tat ist die Immobilie eine Kapitalanlage, die steuerlich außerordentlich interessant ist. Dabei ist die Strategie des klugen Investors natürlich darauf ausgerichtet, möglichst wenig Steuern zu zahlen. Von daher erklärt sich, dass eine Immobilie mindestens 10 Jahre gehalten und bewirtschaftet werden sollte, um die Versteuerung eines Veräußerungsgewinns zu vermeiden.

An dieser Stelle möchte ich ein wichtiges Kriterium für die Steuerstrategie erwähnen, welches häufig übersehen wird: Wenn innerhalb der ersten 3 Jahre nach der Anschaffung Renovierungen durchgeführt werden, die einen Umfang von 15% der Anschaffungskosten[9] für den Gebäudeanteil übersteigen (= sogenannter **anschaffungsnaher Aufwand**), hat das erhebliche steuerliche Nachteile zur Folge. Sie dürfen dann die Renovierungskosten nicht sofort als Werbungskosten von der Steuer absetzen, sondern diese werden den Anschaffungskosten des Gebäudes zugerechnet und können nur in Höhe der Abschreibung (in der Regel 2% pro Jahr) angesetzt werden. Wenn Sie eine Immobilie kaufen, sollte es also keinen Reparaturstau geben, der so groß ist, dass eine Überschreitung dieses Wertes innerhalb der ersten drei Jahre unvermeidlich ist.

Die Details zu den steuerrechtlichen Hintergründen können Sie weiter unter im Kapitel VII. nachlesen. An dieser Stelle reicht es, als Erkenntnis mitzunehmen, dass bereits bei der Auswahl der Immobilie diese 15% - Grenze für Renovierungskosten in den ersten drei Jahren nach der Anschaffung in den Blick zu nehmen ist. Es wäre daher kritisch, wenn absehbar ist, dass ein derart heftiger Reparaturstau besteht, dass zwingend innerhalb der ersten 3 Jahren Instandsetzungsmaßnahmen im Umfang von mehr als 15% der Gebäudekosten erforderlich werden, um die Immobilie in einen vermietbaren Zustand zu versetzen oder in einem solchen Zustand zu halten.

---

[9] Dabei wird auf die Nettopreise der Renovierungskosten abgestellt.

d) Möglichst hohe Eigenkapitalrendite

Die Eigenkapitalrendite ist ein sehr interessantes Thema für den Immobilieninvestor. Damit ist die jährliche Verzinsung des eingesetzten Eigenkapitals gemeint. Wenn die Immobilie zu 100% mit Eigenkapital und ohne einen Darlehensanteil finanziert wird, entspricht die Eigenkapitalrendite exakt der Mietrendite.

Wenn die Renditeimmobilie jedoch - wie üblich - mit einem recht hohen Darlehensanteil finanziert wird, dann hat das positive Auswirkungen auf die Rendite des eingesetzten Eigenkapitals. Besonders erfreulich für den Investor sind diese Auswirkungen, wenn der Abstand zwischen Darlehenszins und Mietrendite sehr groß ist, weil das die Eigenkapitalrendite besonders kräftig nach oben hebelt. Genau diese Voraussetzung ist derzeit auf den Märkten zumindest im Hinblick auf ein historisch niedriges Darlehenszinsniveau erfüllt. Die zweite Voraussetzung für eine möglichst starke Hebelung der Eigenkapitalrendite ist, dass in eine renditestarke Immobilie investiert wird. Am besten lässt sich das an einem Beispiel zeigen. Zu diesem Zweck entwickeln wir das oben vorgestellte Beispiel wie folgt weiter:

Beispiel:

Kaufpreis Mehrfamilienhaus mit 4 Wohnungen:	€300.000
Kaufnebenkosten (12 %):	€ 36.000

Summe Anschaffungskosten:	€336.000
Jahresnettomiete:	€ 24.000
Wohnfläche:	250 m^2
Instandhaltungskosten p.a. (€ 10 pro m^2):	€ 2.500.
Verwaltungskosten p.a. (€ 240 pro Wohnung):	€ 960
=>angepasste Jahresnettomiete:	€ 20.540
=> Rendite p.a.: (= € 20.540 / € 336.000)	6,11%

Finanzierung:	
50% Eigenkapital:	€168.000
50% Bankdarlehen zu 2,5 % Zinsen p.a:	€168.000
=> Darlehenszinsen p.a.:	€ 4.200
=> Ertragsrechnung: (Jahresnettomiete)	€ 20.540
./. (Darlehenszinsen)	€ 4.200
(Differenz)	€ 16.340
=> Eigenkapitalrendite: p.a.(= € 16.340 / € 168.000)	9,73%

Wie Sie an diesem Beispiel sehr schön sehen können, steigt die jährliche Eigenkapitalrendite durch die Hebelung mit einem hälftigen Darlehensanteil von 6,11% auf 9,73% an. Das ist für den klugen Investor eine tolle Sache. Er muss weniger von seinem Eigenkapital einsetzen, weil er einen Teil des Kapitalbedarfs mit einem Bankdarlehen abdeckt und erhält als Belohnung noch eine höhere Rendite auf das eingesetzte Eigenkapital. Darüber hinaus kann man als Investor seinen Aktionsradius durch Einsatz von Bankdarlehen erhöhen, d.h. man kann grö-

47

ßere und mehr Immobilien kaufen als es allein mit dem Eigenkapital möglich wäre. Richtig interessant wird es, wenn der Darlehensanteil deutlich höher gewählt wird als 50%. Rechnen wir das obige Beispiel mit einem Darlehensanteil von 80% und einem Eigenkapitalanteil von 20% noch einmal durch:

Finanzierung:	
20% Eigenkapital:	€ 67.200
80% Bankdarlehen zu 2,5 % Zinsen p.a:	€268.800
=>Darlehenszinsen p.a.:	€ 6.720
=>Ertragsrechnung: (Jahresnettomiete)	€ 20.540
./. (Darlehenszinsen)	€ 6.720
(Differenz)	€ 13.820
=>Eigenkapitalrendite: p.a. (= € 13.820 / € 67.200)	20,57%

Geben Sie zu, dass Sie erstaunt sind und nicht für möglich gehalten haben, dass aus einer Mietrendite von 6,11% über die Hebelung mit einer Darlehensfinanzierung eine Eigenkapitalrendite von über 20% geworden ist!

Diese Erkenntnisse sind in mehrfacher Hinsicht gute Nachrichten für Sie als Immobilieninvestor: Sie können auch mit einem überschaubaren Eigenkapital eine größere Investition stemmen und darüber hinaus können Sie die Eigenkapitalverzinsung auf ein traumhaft hohes Niveau hebeln. Und das ist nur die Anfangsrendite. Wenn Sie die oben beschriebene Mietsteigerungsstrategie konsequent verfolgen, lässt sich diese Rendite noch steigern.

Wenn Sie die Immobilie gut auswählen und günstig einkaufen, kann beim Verkauf noch ein steuerfreier Veräußerungsgewinn hinzukommen, der die Gesamtrendite nachträglich noch einmal verbessern kann. Ich hoffe, dass ich Sie jetzt so weit habe, dass Sie sich sagen: „Verdammt noch mal! Das will ich auch."

Und trotzdem sind Sie vielleicht noch ein wenig skeptisch und fragen sich, wo der Haken an der Sache ist. Sie denken vielleicht, dass ich eine Information unterschlagen habe und irgendwas nicht stimmen kann bei der Rechnung. Sie haben Recht. Ich habe tatsächlich etwas unterschlagen. Aber die Rechnung stimmt trotzdem. Was ich unterschlagen habe, ist die Tilgung des Darlehens, die aus den Mieteinnahmen geleistet werden muss. Wenn wir annehmen, dass das Darlehen mit 2,5% pro Jahr getilgt wird, dann reduziert sich bei dem Beispiel der freie Cash-Flow nochmals um **€ 6.720** Tilgung. Dann sind von dem Betrag von **€ 13.820** noch **€ 6.720** abzuziehen und es bleibt insgesamt noch immer ein Betrag von **€ 7.100** übrig. Allerdings stellt die Tilgung des Darlehens kein verlorenes Geld dar, sondern eine Reduzierung des Darlehenskapitals und damit im Ergebnis einen Nettovermögenszuwachs für Sie. Denn die Reduzierung des Fremdkapitals und die Erhöhung des Eigenkapitals bewirkt eine Vermehrung des Nettovermögens. Daher ist die oben angestellte Berechnung der Eigenkapitalrendite zutreffend, die das in die Tilgung geflossene Geld nicht als Kostenblock ausweist. Das heißt, dass es keinen Rechenfehler gibt und die Eigenkapitalrendite in dem Beispiel tatsächlich ertragswirksam auf über 20% pro Jahr gehebelt worden ist.

Das waren jetzt für Sie eine ganze Menge ungewöhnliche und recht komplexe Informationen auf einmal. Wenn Sie nicht sofort alles verstanden haben, ist das auch nicht schlimm. Über diese Dinge muss man in Ruhe nachdenken, bis man richtig begreift wie genial das für einen Immobilieninvestor ist. Wenn Sie dieses Buch zu Ende gelesen haben und beginnen, Ihre ersten praktischen Erfahrungen zu machen, dann werden Ihnen diese Überlegungen so selbstverständlich in Fleisch und Blut übergehen, dass Sie das nicht mehr als anstrengend empfinden, sondern als erhebend. Denn diese Zahlen bedeuten für Sie dann keine graue Theorie mehr, sondern reale Einnahmen und Belohnungen, die Sie sich erarbeitet haben.

e) Geringe Eigenkapitalbindung & Inflation

Aus dem vorhergehenden Abschnitt konnten Sie die Erkenntnis mitnehmen, dass eine Darlehensfinanzierung für den Renditeimmobilienkauf viele Vorteile hat und, dass ein möglichst hoher Darlehensanteil sich positiv auf die Eigenkapitalrendite auswirkt. Daher sollten Sie insgesamt eine möglichst geringe Eigenkapitalbindung und einen hohen Darlehensanteil anstreben.

Neben der Hebelung der Eigenkapitalrendite durch einen hohen Darlehensanteil ergibt sich noch ein weiterer Vorteil aus der Inflation. Durch die Inflation wird nämlich das Darlehen verwässert, d.h. die Darlehensschuld reduziert sich durch Wertverfall des Geldes zwar nicht betragsmäßig aber wertmäßig. Wenn Sie auf Einnahmenseite durch Mieterhöhungen sicherstellen, dass die Inflation nicht gegen Sie arbeitet, dann ergibt sich daraus für Sie als Investor ein vorteilhafter Effekt aus der Inflation.[10]

---

[10] Mir ist natürlich bewusst, dass wir uns derzeit aufgrund der europäischen Währungs- und Finanzkrise in einem ungewöhnlichen Marktumfeld befinden und daher eine recht niedrige Inflationsrate zu verzeichnen ist. Allerdings spricht vieles dafür, dass aufgrund der großen Zuflüsse der Geldmenge durch die Politik der EZB mittelfristig eine eher steigende als fallende Inflation zu erwarten ist.

f) Risikosteuerung

Für eine intelligente Strategie ist auch eine Risikosteuerung wichtig. Es wäre aus Risikosicht nicht sinnvoll, alle Immobilienkäufe ausnahmslos zu 100% mit Bankdarlehen zu finanzieren. Das würde eine Bank im Normalfall auch nicht mitmachen. Spätestens beim zweiten Renditeimmobilienkauf mit einer 100%-Finanzierung würde die Bank aus Gründen der Risikobegrenzung eine Finanzierung verweigern. Von daher ist es im Regelfall unverzichtbar, einen gewissen Anteil Eigenkapital in die Finanzierung einzubringen, der nicht zu klein bemessen sein darf. Richtig ist auch, dass sich die Konditionen eines Darlehens verschlechtern, wenn das Risiko für die Bank aufgrund eines sehr hohen Darlehensanteils steigt. Dieser Aspekt darf nicht außer Acht gelassen werden.

Es gibt zudem jemanden, der bei der Höhe des Darlehensanteils ein gewichtiges Wort mitzureden hat: Ihre Bank. Banken sind in der Regel nur bei guter Bonität eines Darlehensnehmers bereit, einen sehr hohen Darlehensanteil beim Immobilienkauf zu akzeptieren. Darüber hinaus legt die Bank Wert darauf, dass die Immobilie selbst werthaltig ist und einen hinreichend starken Cash-Flow generiert, aus dem die Darlehensraten und Bewirtschaftungskosten sicher bezahlt werden können. Wie hoch der Darlehensanteil genau sein darf, hängt also auch von der Werthaltigkeit und der Rentabilität der Immobilie ab. Die Bank bezeichnet den Zusammenhang

zwischen der Rentabilität der Immobilie und der vertret-
baren Höhe des Darlehensanteils mit dem Schlagwort
„Kapitaldienstfähigkeit".

Diese Vorsicht der Bank liegt darin begründet, dass
sie ihre Risiken steuern und begrenzen muss. Das tut sie,
indem sie nach Möglichkeit nur einen Bruchteil des
Wertes der finanzierten Immobilie als Darlehen zur Finanzierung des Kaufes herauslegt und nicht 100%. Wenn
es zu Leerstand und finanziellen Problemen kommt,
kann die Bank so relativ sicher sein, dass sie bei der
Verwertung der Immobilie (z.B. durch Zwangsversteigerung) ihr Geld vollständig zurückerhält, auch wenn der
Kaufpreis hinter dem Marktwert zurückbleibt. Aus diesem Grund werden Sie nur im Ausnahmefall eine Darlehensfinanzierung zu 100% des Immobilienwertes erhalten. Des Weiteren ist zu bedenken, dass sich die Konditionen eines Bankdarlehens verschlechtern, wenn der
Darlehensanteil extrem hoch gewählt wird. Denn die
Darlehenszinsen enthalten auch einen Risikoaufschlag.
Je höher das Risiko, desto höher fällt der Risikoaufschlag
aus. Ein höherer Darlehenszins wiederum reduziert die
Eigenkapitalrendite.

Da es nicht nur für die Bank, sondern auch für Sie
selbst um eine Risikobegrenzung geht, ist die Vorgehensweise der Bank durchaus sinnvoll und auch in Ihrem Interesse. Denn auch für Sie als Investor steigen die
Risiken, wenn der freie Cash-Flow aus den Mieteinnahmen nach Bedienung des Darlehens und nach Bestrei-
tung der laufenden Instandhaltungskosten mikrosko-

pisch klein wird. Denn dann kommen Sie bei auftretenden Schwierigkeiten (z.B. längerer Leerstand einer oder mehrerer Wohnungen oder unerwartet hohen Reparaturkosten) sofort in Schwierigkeiten, was zu einem Notverkauf mit entsprechenden Nachteilen führen kann. Ziel des Immobilieninvestors ist es ja, dass sich die Investition von selbst trägt und nicht von außen Geld hinzugeschossen werden muss. Daher muss immer ein Sicherheitspuffer eingeplant werden und der Ertrag der Immobilie muss sicher ausreichen, um die Bewirtschaftungskosten und die Bedienung der Darlehensraten zu bestreiten.

Häufig stellen Leser mir die Frage, wie groß denn der Eigenkapitalanteil sein sollte. Der optimale Anteil hängt von diversen Umständen ab, die in jedem Einzelfall anders sind. Ein Anteil von 20% ist sicherlich ein guter Wert, der für die meisten Fälle zu einem ausgewogenen Chancen-Risiko-Profil im Hinblick auf die Finanzierung führt. Wenn die Immobilie sehr konservativ ausgewählt wird und über eine gute Lage und einen guten baulichen Zustand verfügt, dann dürfte auch ein höherer Darlehensanteil von bis zu 90% verantwortbar sein.

Der mit Abstand wichtigste Baustein einer guten Risikosteuerung für einen Investor ist jedoch die kritische Auswahl und die gründliche Prüfung der Immobilie vor dem Kauf. Dazu werde ich Ihnen später genau erklären, worauf es ankommt und wie Sie Fehlgriffe vermeiden können. In diesem Zusammenhang ist leider festzustellen, dass aufgrund der schwierigen Marktlage die Risiken für Immobilieninvestoren erheblich gestiegen sind. Das Chancen-Risiko-Profil hat sich aufgrund der teilweise ungesunden Preissteigerungen für Neuinvestitionen sehr ungünstig entwickelt. Das hängt auch damit zusammen, dass viele Eigenheimerwerber unvernünftig hohe Preise zahlen, die den ganzen Markt belasten.[11] Mitverantwortlich ist natürlich auch die Europäische Zentralbank, die durch die verantwortungslose Politik des billigen Geldes die Renditen auf Talfahrt geschickt hat. Ich kann nur den dringenden Rat geben, keine mikroskopisch kleinen Anfangsrenditen von mageren 2 – 3% zu akzeptieren. Selbst wenn Sie eine solche Rendite in den nächsten 10 Jahren mit einer günstigen Darlehensfinanzierung auf 5 – 6% Eigenkapitalrendite gehebelt bekommen, ist das noch lange keine gute Investition. Denn bei steigenden Zinsen kann die Hebelwirkung der Darlehensfinanzierung auch in die andere Richtung gehen. Die gehebelte Rendite kann sogar negativ werden, wenn die Zinsen in den nächsten 10 Jahren erheblich ansteigen und dann über der Basisrendite liegen. Ein solches Szenario ist gar nicht so unwahrscheinlich, weil die Geldschwemme der Europäischen Zentralbank auf mittlere und lange Sicht eine anziehende Inflation bewirken wird.

---

[11] Ich verweise dazu auf meine Pressemitteilung vom 03.04.2017, die Sie unter dem folgenden Kurzlink im Internet abrufen können: https://goo.gl/SA6mt3

g) Im Einkauf liegt der Segen!

Diese von erfolgreichen Kaufleuten geprägte Weisheit gilt auch für Renditeimmobilien. Ganz entscheidend für den Erfolg eines Immobilieninvestors ist, dass die Immobilien zu vernünftigen Preisen gekauft werden. Der Kaufpreis hat maßgeblichen Einfluss auf die erzielbare Rendite und auf etwaige Veräußerungsgewinne bei einem späteren Verkauf.

Selten werden Immobilien zu dem Preis verkauft, der im Exposé des Maklers angegeben ist oder vom Verkäufer zu Beginn der Verhandlungen aufgerufen wird. Daher ist es ein Gebot der Vernunft, den geforderten Kaufpreis noch ein Stückchen nach unten zu verhandeln. Als Faustformel können Sie annehmen, dass die Kaufpreisvorstellungen des Verkäufers zu Beginn der Verhandlungen mindestens 10% höher angegeben werden als die tatsächliche Preisvorstellung und Schmerzgrenze. Lassen Sie sich auch nicht verwirren von Angaben des Verkäufers oder des Maklers des Verkäufers, dass es sich um einen „Festpreis" handelt. Es gehört zum Ritual dazu, dies zu Beginn der Verhandlungen zu behaupten.

Gleichwohl wäre es ein Fehler, den Verkäufer in den Gesprächen plump auf diese Annahme hinzuweisen und ohne weitere Begründung einen Preisnachlass von 10% zu verlangen. In den Verhandlungen geht es natürlich auch darum, dass der Verkäufer ernst genommen werden möchte. Wenn Sie ihm ins Gesicht sagen, dass er einen uralten Taschenspielertrick verwendet und zur Abkürzung von zähen und langwierigen Gesprächen einfach sofort 10% Preisnachlass gewähren soll, dann wird er sich vor den Kopf gestoßen fühlen und es besteht ein hohes Risiko, dass er die Verhandlungen abbricht bevor sie begonnen haben.

Daher spielt ein kluger Investor das Spiel der Verhandlungsrituale brav mit und bekommt nach Ablauf der üblichen Phasen und Gespräche mindestens 10% Preisnachlass. Zu dem Ritual gehört auch dazu, dass der Käufer plausible Argumente für den geforderten Preisnachlass vorbringt und diese möglichst überzeugend ausleuchtet. Wenn Ihr Bausachverständiger die Immobilie in Augenschein genommen und eine Liste mit erforderlichen Instandsetzungsmaßnahmen erstellt und die Kosten dafür überschlägig geschätzt und aufgelistet hat, können Sie mit dieser Liste in den Verhandlungen natürlich sehr gut argumentieren.

Darüber hinaus können Sie mit der aktuellen Miete und dem für die Immobilie relevanten Vervielfältiger argumentieren. Aktuelle Durchschnittszahlen für Vervielfältiger in einer Stadt oder einem Stadtgebiet können Sie z.B. aus Marktberichten großer Immobilienmakerunternehmen ableiten.[12] Dabei sollte Ihnen bewusst sein, dass es sich um Durchschnittszahlen handelt, die Sie auch nach unten abrunden können, wenn sie damit in Kaufpreisverhandlungen argumentieren. Bevor Sie jedoch mit

---

[12] Ich verweise z.B. auf die folgende Internetseite:
http://www.engelvoelkers.com/de/unternehmen/research/

diesen Zahlen argumentieren und diese erforderlichen-
falls in den Verhandlungen auch mit Angabe der Quelle
offenlegen, sollten Sie für sich selbst rechnen und abglei-
chen, ob dieses Zahlenmaterial geeignet ist, die derzeitige
Kaufpreisvorstellung des Verkäufers nach unten zu verhandeln. Misslich wäre es, wenn die Zahlen dem Verkäufer Argumente für eine Erhöhung seiner Kaufpreisvorstellungen liefern. Es hat sich bewährt, zunächst mit
den recherchierten Durchschnittszahlen für relevante
Vervielfältiger und den aktuellen Mieteinnahmen zu
rechnen und diesen Wert mit den Kaufpreisvorstellungen des Verkäufers abzugleichen. Wenn sich heraus-
stellt, dass sich bereits mit den Durchschnittszahlen eine
Kaufpreisreduzierung argumentativ untermauern lässt,
ist das gut.

Weil Sie als kluger Investor aber besonders günstig
einkaufen wollen, gehen Sie einen Schritt weiter und suchen plausible und möglichst überzeugende Argumente,
dass der durchschnittliche Vervielfältiger aufgrund der
Besonderheiten der Mikrolage und des baulichen Zu-
standes des Gebäudes nach unten zu korrigieren ist.
Hierbei müssen Sie behutsam vorgehen. Die Argumente
dürfen nicht „an den Haaren herbeigezogen" wirken und
müssen zumindest plausibel sein. Sie müssen unbedingt
den Eindruck vermeiden, dass Sie den Verkäufer nicht
ernst nehmen und ihm die Immobilie unter Wert abluch-
sen wollen. Sonst besteht nämlich ein hohes Risiko, sich
die Kaufpreisvorstellungen des Verkäufers verhärten
oder, dass er gar ärgerlich wird und die Verhandlungen
abbricht.

Weitere schlagkräftige Argumente für eine Kaufpreis-reduzierung lassen sich aus den Bodenrichtwerten und den Marktrichtwerten des Gutachterausschusses ablei-ten.[13] Diese Zahlen haben insbesondere deshalb einen argumentativ durchschlagenden Effekt, weil sie aus tat-sächlichen Verkäufen am Belegenheitsort der Immobilie abgeleitet sind. Daher kann der Verkäufer gegen solche Zahlen des Gutachterausschusses wenig vorbringen. Al-lenfalls könnte argumentiert werden, dass die Mikrolage der Immobilie und der bauliche Zustand der Immobilie überdurchschnittlich gut sind. Auch dazu sollten Sie sich zum Zeitpunkt der Kaufpreisverhandlungen bereits ein Bild gemacht haben und daher präpariert sein, diesem Einwand des Verkäufers überzeugend zu begegnen.

Verhandlungsgeschick ist eine hohe Kunst, die man am besten durch viel Übung und Erfahrung lernt. Dar-über hinaus ist eine optimale Vorbereitung auf die Ver-handlungen eine wichtige Erfolgszutat für gute Verhand-lungsergebnisse. Wenn Sie es mit einem sehr geschick-ten Verkäufer zu tun haben, dann verhandelt dieser nicht selbst, sondern lässt durch einen Immobilienmak-ler verhandeln. Dabei haben Sie den verhandlungstakti-schen Nachteil, dass Sie keinen direkten Eindruck von dem Verkäufer bekommen und auch keine Schlussfolge-rungen aus den Reaktionen des Verkäufers auf Ihre Ar-

---

[13] Weiterführende Informationen zu den Bodenrichtwerten und Markrichtwerten sowie Links zu den entsprechenden Daten-banken der Gutachterausschüsse finden Sie auf der folgenden Internetseite: http://www.gutachterausschuesse-online.de/

gumente und Kaufpreisvorstellungen ableiten können. Mimik und Körpersprache können in Verhandlungen sehr aussagekräftige Informationsquellen sein. Diese Informationsquelle ist Ihnen in einer solchen Situation versperrt. Sie müssen hingegen einkalkulieren, dass der Makler Ihre Reaktionen und auch Ihre Körpersprache in den Verhandlungen sehr genau beobachtet und analysiert und dem Verkäufer davon berichtet. Sie können versuchen, den Verkäufer in die Kaufpreisverhandlungen einzubinden und vorschlagen, die Gespräche zu Dritt zu führen. Sie müssen aber damit rechnen, dass der Makler einen solchen Vorschlag (natürlich auf Anweisung des Verkäufers) ablehnt und z.B. darauf verweist, dass der Verkäufer ein vielbeschäftigter Mann mit wenig Zeit ist.

In einer solchen Konstellation ist es ratsam, so zu verhandeln als wäre der Makler personenidentisch mit dem Verkäufer. Häufig ist der Makler nämlich aufgrund von internen Vereinbarungen mit dem Verkäufer motiviert, einen möglichst hohen Kaufpreis zu erzielen. Daher wird er eine ähnliche Motivation wie der Verkäufer haben. Mit einem **feinen Unterschied**: Der Makler bekommt überhaupt kein Geld, wenn es gar nicht zum Kaufvertragsabschluss kommt. Und genau hier können Sie die Schwachstelle dieser Vorgehensweise des Verkäufers ausmachen. Wenn Sie dem Makler mit der notwendigen Härte und Bestimmtheit signalisieren, dass **Ihre** Kaufpreisvorstellungen schwieriger zu verändern sind als die Kaufpreisvorstellungen des Verkäufers, dann wird der Makler motiviert sein, den Verkäufer hinsichtlich der Preisvorstellungen stärker zu bearbeiten als Sie. Denn wenn es keinen Kaufvertrag gibt, verdient der Makler überhaupt keine Provision und geht leer aus. Daher wird der Makler eher versuchen, die Partei mit den weicheren Positionen zu bearbeiten als die Partei mit den härteren Positionen. Auch hier dürfen Sie den Bogen nicht überspannen, um die Verhandlungen nicht vor die Wand zu setzen.

8. BEISPIEL FÜR ERFOLGREICHEN DEAL

Bis hierher habe ich Ihnen auf ca. 50 Seiten die grundlegenden Zusammenhänge erklärt und Sie in die Gedankenwelt eines Wohnimmobilieninvestors eingeführt. Jetzt ist es an der Zeit, diese Erkenntnisse auf einen praktischen und echten Fall zu übertragen und zu sehen, wie das in der Realität funktioniert. Ich möchte das anhand eines echten Immobiliendeals aus meiner eigenen Praxis tun:

Im Jahre 2011 habe ich in Düsseldorf ein Haus mit 10 Wohnungen in der Zwangsversteigerung gekauft. Aufgrund guter Vorarbeit konnte ich besser informiert in den Versteigerungstermin gehen als die anderen Bieter. Unter dem Strich konnte ich das Haus sehr günstig und erheblich unter dem Marktwert einkaufen. Ich hatte nämlich im Vorfeld den Vollstreckungsschuldner kontaktiert und ihn davon überzeugt, dass es in seinem wohlverstandenen Interesse ist, zu kooperieren und genauere Informationen über die Mietverträge zu geben und Besichtigungstermine der Wohnungen und damit Sondierungsmöglichkeiten des Zustands der Wohnungen und der Befindlichkeiten der Mieter zu ermöglichen. Denn nur durch Kooperation kann der Vollstreckungsschuldner verhindern, dass die Bieter im Versteigerungstermin wegen lückenhafter Informationen erhebliche Sicherheitsabschläge von ihrem Gebotspreis machen. Wie häufig, wusste der Vollstreckungsschuldner nicht, dass er als Eigentümer noch immer das Recht gegenüber den Mietern hat, einen Besichtigungstermin zu fordern. Viele Eigentümer denken, dass Sie bei einer Zwangsversteigerung zur Untätigkeit verdammt sind. Das stimmt aber nicht. Vielmehr schaden sich die Vollstreckungsschuldner durch Untätigkeit massiv, weil sie so den Versteigerungserlös nach unten treiben. Weil ich aufgrund dieses Wissensvorsprunges im Bilde war, dass mit den Mietverträgen und den Wohnungen alles in Ordnung war, konnte ich auf besserer Informationsgrundlage bieten und damit die anderen Bieter ausstechen.

Die Details des Kaufes stellen sich wie folgt dar:

Mietwohnhaus mit 10 Wohnungen und 620 m² Wohnfläche:

- 2 Wohnungen á 50 m² im Erdgeschoss (beide unvermietet)
- 8 Wohnungen á 65 m² im 1. bis 4. Obergeschoss (für durchschnittlich € 6,07 pro m² vermietet)

Versteigerungspreis:	€ 445.500
Nettomieteinnahmen p.a.:	€ 37.877

Aus diesen blanken Daten ergibt sich ein Vervielfältiger von 11,76 (= € 445.500 / € 37.877) und eine Basisrendite von 8,5% p.a. Allerdings fehlen bei dieser groben Rechnung noch entscheidende Daten. Wie wir oben gelernt haben, müssen natürlich noch die Kaufnebenkosten berücksichtigt werden. Diese waren hier relativ niedrig, weil (wie üblich bei Zwangsversteigerungen) **keine** Maklerprovision angefallen ist. Denn ich habe die Immobilie über das Zwangsversteigerungsportal der Justiz im Internet ohne Kontakt zu einem Makler gefunden. Darüber hinaus sind **keine** Kosten für einen notariellen Kaufvertrag angefallen, weil es eines solchen beim Kauf in der Zwangsversteigerung nicht bedarf. Der Zuschlagsbeschluss des Gerichtes ersetzt den notariellen Kaufvertrag. Darüber hinaus konnte ich auch noch Kosten für ein Wertgutachten sparen, weil ein solches in der Zwangsversteigerung immer vom Gericht auf Kosten des Vollstreckungsschuldners erstellt und allen Bietern zum Download im Internet kostenlos zur Verfügung gestellt wird. An Kaufnebenkosten sind daher lediglich die folgenden Positionen angefallen:

Nebenkosten für Erwerb in Zwangsversteigerung:	
Gerichtsgebühr für Zuschlagerteilung:	€ 1.768
Grunderwerbsteuer (damals noch 5%):	€ 24.925
Gerichtsgebühr f. Grundbuchumschreibung:	€ 935
Summe Nebenkosten:	€ 27.628
Kaufpreis:	€ 445.500
=> Summe Anschaffungskosten:	€ 473.128

Darüber hinaus haben wir bisher noch nicht berücksichtigt, dass die beiden Wohnungen mit jeweils 50 m² im Erdgeschoss leer stehen und bei Vermietung zusätzliche Mieteinnahmen generieren können. Für meine Kalkulation des maximalen Gebotes in der Zwangsversteigerung und für meine voraussichtliche Rendite habe ich unterstellt, dass diese Wohnungen für € 5 pro m² vermietet werden können. Das bedeutet, dass die Mieteinnahmen bei der Ersteigerung um € 6.000 pro Jahr (= € 5 pro m² x 100 x 12) zu erhöhen sind.

Wenn Sie oben gut aufgepasst haben, fällt Ihnen auf, dass auch noch die Bewirtschaftungskosten fehlen. Unter Zugrundelegung von Verwaltungskosten in Höhe € 20 pro Wohnung und Monat und jährlichen Instandhaltungskosten von € 10 pro m² ergeben sich jährliche Bewirtschaftungskosten in folgender Höhe:

Bewirtschaftungskosten	
Verwaltungskosten p.a.:	€ 2.400
Instandhaltungskosten:	€ 6.200
Summe:	€ 8.600

Daraus ergibt sich nun folgende Rechnung:

Anschaffungskosten:	€ 473.128
Nettomieteinnahmen p.a.:	€ 43.877
./. Bewirtschaftungskosten:	€ 8.600
Differenz:	€ 35.277
=> Vervielfältiger: (= € 473.128 / € 35.277)	13,41
=> Rendite p.a.: (= € 35.277 / € 473.128)	7,5%

Nun werden Sie sagen, dass eine Rendite von 7,5 % p.a. nicht so schlecht ist. Aber richtig atemberaubend ist das auch nicht. Aber die Geschichte geht ja noch weiter:

Die beiden leer stehenden Wohnungen habe ich sofort nach Inbesitznahme des Hauses renoviert und konnte diese nach 3 Monaten vermieten und erzielte mit € 6,50 pro m^2 sogar einen deutlich höheren Preis als die vorsichtig kalkulierten € 5 pro m^2.

Darüber hinaus habe ich bei den anderen 8 Mietern eine Mieterhöhung um 20% durchgesetzt, weil die Mieten mit € 6,07 pro m^2 erheblich unterhalb der ortsüblichen Vergleichsmiete lagen. In 2011 waren laut Mietspiegel für die Lage und die Ausstattung der Wohnungen Mieten von durchschnittlich € 8 pro m^2 marktüblich.

Damit konnte ich die Mieten für die 8 Wohnungen auf €
7,28 pro m^2 steigern. Um die Mieter nicht zu verärgern,
habe ich diese Maßnahme mit einer überschaubaren Re-
novierungsmaßnahme verbunden: Ich habe alle Wohnungen neu streichen und neue Laminatfußböden legen
lassen. Das hat überschaubare Kosten verursacht und
den Mietern die Mieterhöhung plausibel und schmack-
haft gemacht. Durch diese Maßnahmen entwickelten
sich die Mieteinnahmen rasant nach oben und die Rendite sah nach lediglich 3 Monaten plötzlich viel besser
aus:

Anschaffungskosten:	€ 473.128
+ Renovierungskosten:	€ 18.500
Summe erweiterte Anschaffungskosten:	€ 491.128
Nettomieteinnahmen neu p.a.:	€ 53.227
./. Bewirtschaftungskosten:	€ 8.600
Differenz:	€ 44.627
=>Vervielfältiger: (= € 491.128 / € 44.627)	11
=>Rendite p.a.: (= € 44.627 / € 491.128)	9,08%

Das ist nun eine Rendite, die sich sehen lassen kann.
Aber als renditehungriger Investor habe ich mich damit
nicht zufrieden gegeben. Ich habe natürlich bei der Finanzierung ein Bankdarlehen genutzt und damit die Eigenkapitalrendite gehebelt.

Finanzierung:

Erweiterte Anschaffungskosten:	€ 491.128
20,36% Eigenkapital =	€ 100.000
79,64% Bankdarlehen zu 3,2% p.a. =	€ 391.128
=> Darlehenszinsen in Höhe von (p.a.)	€ 12.516
=> Ertragsrechnung: (Jahresnettomiete)	€ 44.627
./. (Darlehenszinsen)	€ 12.516
(Differenz)	€ 32.111
=> Eigenkapitalrendite p.a.: (= € 32.111 / € 100.000)	32,11%

Das ist eine Rechnung, die Freude macht. Wie Sie sehen, konnte ich durch geschickten Einkauf und überschaubare und beherzt durchgezogene Maßnahmen eine traumhafte Rendite auf das eingesetzte Eigenkapital erwirtschaften. Aufgrund des starken Cash-Flow konnte ich darüber hinaus einen relativ hohen Tilgungssatz von anfänglich 5% mit der Bank vereinbaren, was einem jährlichen Betrag von € 19.556 entspricht. Trotz hoher Tilgung blieb noch ein freier Cash-Flow von jährlich € 12.000 übrig. Über dieses Investment freue ich mich noch heute jeden Tag aufs Neue! Wie Sie sehen, ist es realistisch, mit Kapitalanlagen in Wohnimmobilien viel Geld zu verdienen. Man muss es nur richtig anpacken.

9. BETEILIGUNG AN RENDITEIMMOBILIEN

Dieses Buch thematisiert den Kauf und die Bewirtschaftung von Renditeimmobilien in **Eigenregie**. Ich möchte jedoch nicht unterschlagen, dass es am Markt auch Angebote gibt, sich als Investor an Renditeimmobilien zu beteiligen. Die Rede ist von Immobilienfonds.

Immobilienfonds sind gesellschaftsrechtliche Konstruktionen, die die Beteiligung einer Mehrzahl von Investoren für den Kauf von einigen sehr großen Immobilien oder einer Vielzahl mittlerer und kleinerer Immobilien ermöglicht. Dabei werden geschlossene Immobilienfonds und offene Immobilienfonds unterschieden.

Von beiden haben Sie möglicherweise schon gehört. Sie mögen vielleicht beim Lesen schon gedacht haben, dass es viel einfacher und stressfreier sein könnte, sich einfach an einem solchen Immobilienfonds zu beteiligen, statt sich selbst dem ganzen Stress mit einem Immobilienkauf auszusetzen. Um Sie davon zu überzeugen, dass diese Einschätzung nicht richtig ist, schildere ich nachfolgend im Schnelldurchlauf, worum es bei Immobilienfonds geht. Danach können Sie dieses Thema für sich besser einschätzen und Sie werden erkennen, dass es gravierende Vorteile hat, selbst am Steuer zu sitzen und nicht auf dem Beifahrersitz Platz zu nehmen.

a) Geschlossener Immobilienfonds

Ein geschlossener Immobilienfonds wird in aller Regel in der Rechtsform einer Kommanditgesellschaft (GmbH & Co. KG) betrieben. Bei einem geschlossenen Immobilienfonds ist die Anzahl der Anleger von vornherein durch die Anzahl der zu erwerbenden Immobilien und durch das sich daraus ergebende Volumen des Gesellschaftskapitals begrenzt. In der Regel kauft der geschlossene Fonds ein bis maximal drei Immobilien.

Sobald das erforderliche Gesellschaftskapital des Immobilienfonds in Form von Kommanditanteilen zum Erwerb der Fondsimmobilien vollständig eingeworben ist, wird der Fonds geschlossen, d.h. es werden keine weiteren Kommanditisten als Gesellschafter der Fondsgesellschaft aufgenommen. Von daher die Bezeichnung **geschlossener** Immobilienfonds.

Für den Vertrieb solcher Immobilienfondsbeteiligungen werden Fondsprospekte erstellt, die alle Angaben zu den Immobilien und zur Konstruktion des Fonds enthalten. In dem Prospekt ist auch eine **prognostizierte** Rendite der Beteiligung ausgewiesen. Da insoweit Gewinne nicht garantiert, sondern nur prognostiziert werden, ist auch ein Verlust der Gesellschaftereinlage nicht auszuschließen. Die Konstruktion als Fonds darf daher nicht darüber hinwegtäuschen, dass der Fondszeichner anteilig die gleichen Risiken trägt, wie im Falle des Erwerbes einer einzelnen Renditeimmobilie in Eigenregie.

Bei einer Beteiligung an einem Immobilienfonds sollte auch bedacht werden, dass erhebliche Provisionen für den Fondsinitiator sowie den Vertrieb des Fonds eingepreist sind, die letztendlich von den Anlegern bezahlt werden müssen. Darüber hinaus ist zu berücksichtigen, dass Anteile an einem geschlossenen Immobilienfonds nicht einfach an die Fondsgesellschaft zurückgegeben werden können. Es gibt auch keinen Zweitmarkt für den Handel von Beteiligungen an geschlossenen Immobilienfonds, so dass der Anleger sein Geld schon aus diesem Grunde erst dann zurückerhält, wenn die Fondsimmobilie verkauft und das Fondsvermögen auseinandergesetzt wird. Ob und wann verkauft wird, entscheidet jedoch nicht der Anleger, sondern die Geschäftsführung der Fondsgesellschaft (soweit vorgesehen im Gesellschaftsvertrag) auf der Grundlage eines Mehrheitsbeschlusses der Gesellschafter.

b) Offener Immobilienfonds

Bei einem offenen Immobilienfonds handelt es sich um ein Immobilien-Sondervermögen, das von einer Kapitalanlagegesellschaft verwaltet wird.

Im Unterschied zum geschlossenen Immobilienfonds können die Fondsanteile jederzeit gekauft oder verkauft werden. Daher investieren die Fondsmanager das Geld der Anleger nicht nur in Immobilien, sondern auch in liquide Geldanlagen. Die Liquiditätsreserve des Fonds muss mindestens 5% des Fondsvermögens betragen. Wenn mehr Fondsanteile zurückgegeben werden als liquide Mittel vorhanden sind, muss der Fonds Kredite aufnehmen oder Immobilien verkaufen. Ein Problem kann dann entstehen, wenn die Mittelabflüsse hoch sind und deshalb schnell viele Immobilien verkauft werden müssen. Denn der Verkaufsdruck mindert den am Markt erzielbaren Preis was die Rendite des Fonds belastet.

Die Gesellschaft kann unter bestimmten Bedingungen die Aussetzung der Rücknahme von Anteilen vorsehen. Außerdem kann das Bundesaufsichtsamt für das Finanzwesen (BaFin) zum Schutz der Anteilseigner die Aussetzung der Anteilsrücknahme anordnen. Im Zuge der Finanzkrise ist das auch bereits bei einigen Fonds vorgekommen.

c) Immobilienpool „*Family & Friends*"

Sehr beliebt sind seit einiger Zeit private Immobilien-pools von Familien und Freunden. Dabei schließen sich Mitglieder einer Familie und Freunde zu einer Perso-nengesellschaft (in der Regel eine GbR) zusammen, um ihre Finanzkraft zu poolen und Prozesse zu optimieren. Das ist bei Lichte betrachtet jedoch nichts anderes als das, was ich Ihnen in diesem Buch empfehle und hat nichts mit den gerade vorgestellten Immobilienfonds zu tun, die anonym am Kapitalmarkt Geld von Anlegern einwerben, ohne diese nennenswert an der Geschäfts-führung und an Entscheidungsprozessen zu beteiligen.

Dieser Strategieratgeber ist daher auch für solche Pools geschrieben, die von Familienmitgliedern oder Freunden gemanagt werden. Denn es macht für die Stra-tegie keinen Unterschied, ob Sie eine Renditeimmobilie ganz allein oder zusammen mit Familienmitgliedern und Freunden kaufen. Die Prozesse und Entscheidungskrite-rien sind immer die gleichen.

Ich möchte jedoch nicht unerwähnt lassen, dass sol-che privaten Immobilienpools ein hohes Streitpotential bergen. Familien und Freundschaften können zerbre-chen. Dann ist es schwierig, wenn man über eine ge-meinsame Kapitalanalage weiter miteinander auskom-men muss obwohl man Kontakt lieber vermeiden möch-te. Außerdem stellen sich schwierige Fragen der Beteiligung von Ehepartnern und Lebenspartnern an Zugewinnen im Scheidungsfall.

Schließlich kann es auch ohne eine Scheidung zum Streit kommen über Entscheidungen der geschäftsführenden Personen für den Pool. Nicht umsonst sagt der Volksmund: Beim Geld hört die Freundschaft auf. Es kann sehr ermüdend sein, wenn man Zeit und Kraft investiert für die gemeinsame Sache und dafür von den passiven Mitinvestoren keine Dankbarkeit erntet sondern kritisiert wird, weil diese glauben, es aus der zweiten Reihe heraus besser beurteilen zu können. Ich rate daher dazu, Kapitalanlagen in Immobilien lieber allein zu tätigen. So haben Sie volle Entscheidungsfreiheit und werden nicht durch schwierige Abstimmungsprozesse mit Leuten eingeengt, die Sie vielleicht nur deshalb nicht überzeugen können, weil diese Leute die Zusammenhänge nicht begreifen.

BONUSMATERIAL

Als Bonusmaterial zu diesem Ratgeber ist ein mächtiges Berechnungstool verfügbar, mit dem Sie alle wichtigen Eckdaten einer Renditeimmobilie erfassen können. Als Erwerber dieses Buches erhalten Sie das Tool kostenlos als Bonus, wenn Sie per Email einen Downloadlink anfordern: mk2@alexander-goldwein.de

Das Berechnungstool wurde mit größtmöglicher Sorgfalt erstellt. Für die Richtigkeit ist eine Haftung des Autors oder des Verlages ausgeschlossen.

DER AUTOR

Alexander Goldwein ist gelernter Jurist und hat einen internationalen Bildungshintergrund. Er hat in drei Staaten in drei Sprachen studiert. Er ist mit Kapitalanlagen in Immobilien self-made Millionär geworden.

Als Autor und Berater hat er zahlreiche Menschen zu wirtschaftlichem Erfolg geführt. Goldwein verfügt über eine große Bandbreite praktischer Erfahrung aus seiner Tätigkeit als Jurist in der Rechtsabteilung einer Bank sowie als kaufmännischer Projektleiter in der Immobilienbranche. In seiner praktischen Laufbahn hat er Immobilieninvestments in den USA und in Deutschland aus wirtschaftlicher und rechtlicher Sicht begleitet und verantwortet. Durch seine Bücher hat Goldwein sich bei privaten Kapitalanlegern einen legendären Ruf erarbeitet, weil er mit seinen ganzheitlichen Erklärungsansätzen den idealen Nährboden für gelungene Investitionen in Wohnimmobilien erzeugt. Mit eigenen Investitionen in Immobilien hat er ein beachtliches Vermögen aufgebaut und wirtschaftliche Unabhängigkeit erlangt.

Goldwein verfolgt konsequent den Ansatz, komplexe Themen einfach zu erklären, so dass auch Anfänger ohne Vorkenntnisse mühelos folgen können. Er erreicht so alle, die gerne in Immobilien investieren würden, aber bisher noch keinen Zugang zu dem notwendigen Fachwissen erhalten haben. Leider werden Grundkenntnisse des Investierens und des klugen Umgangs mit Geld in unserem Bildungssystem sträflich vernachlässigt. So erklärt sich, dass viele Menschen sich damit schwer tun und ihre Chancen nicht richtig nutzen.

GELD VERDIENEN MIT WOHNIMMOBILIEN

Erfolg als privater Immobilieninvestor

Als gebundene Ausgabe, Taschenbuch und eBook bei Amazon erhältlich:

http://amzn.to/22FkyNs

ISBN: 978-0993950643 (Taschenbuch)

ISBN: 978-0994853332 (Gebundene Ausgabe)

Auch Sie können Erfolg haben mit Kapitalanlagen in Wohnimmobilien! In diesem Buch erklärt der gelernte Jurist und Banker Alexander Goldwein verständlich und mit konkret durchgerechneten Beispielen, wie Sie mit Wohnimmobilien ein Vermögen aufbauen und finanzielle Freiheit erlangen können. Die Lektüre setzt keine Vorkenntnisse voraus und ist auch für Anfänger geeignet. Das vorliegende Buch stellt die erweiterte und aktualisierte 2. Auflage des bewährten Standardwerkes dar (Stand 2017).

Der Bestsellerautor Goldwein ist innerhalb weniger Jahre self-made Millionär mit Kapitalanlagen in Wohnimmobilien geworden. Mehrere seiner Ratgeber zu Immobilien sind Bestseller Nr. 1 bei Amazon.

In diesem Buch erfahren Sie ganz konkret:

- Strategien zur sicheren & rentablen Kapitalanlage in Wohnimmobilien
- Aufspüren lukrativer Renditeimmobilien auch in angespannten Märkten
- Grundlagen der Immobilienbewertung und Kaufpreisfindung
- Checklisten zur professionellen Prüfung & Verhandlungsstrategien für den Ankauf
- Strategien für die optimale Finanzierung und Hebelung der Eigenkapitalrendite
- Berechnung von Cash-Flow & Rendite mit dem als Bonus erhältlichen Excel-Rechentool
- Steueroptimierte Bewirtschaftung & Realisierung von Veräußerungsgewinnen
- Praxisrelevante Grundlagen des Immobilienrechtes (inklusive der Besonderheiten bei vermieteten Eigentumswohnungen)
- Praxisrelevante Grundlagen des Mietrechtes (inklusive der Regelungen zu Mieterhöhungen)

STEUERLEITFADEN FÜR IMMOBILIENINVESTOREN

Der ultimative Steuerratgeber für Privatinvestitionen in Wohnimmobilien
Als gebundene Ausgabe, Taschenbuch und eBook bei Amazon erhältlich:
http://amzn.to/2ecvfF2
ISBN: 978-0994853363 (Taschenbuch)
ISBN: 978-0994853387 (Gebundene Ausgabe)

Sichern Sie sich maximale Steuervorteile durch überlegenes Wissen! Der Autor erklärt Ihnen Schritt für Schritt praxiserprobte Steuerstrategien für vermietete Wohnimmobilien. Kompakt, verständlich und gründlich.

- Maximaler Ansatz von Werbungskosten
- Realisierung steuerfreier Veräußerungsgewinne
- Steuervorteile bei Denkmalschutzimmobilien
- Ferienimmobilien im In- und Ausland als Renditeobjekt
- Erbschafts- und Schenkungssteuer (steueroptimierte Übertragung auf Ehepartner & Kinder)
- Bonusmaterial: Excel-Tool für Kalkulation von Rendite, Finanzierungskosten und Cash-Flow

Das Markenzeichen von Alexander Goldwein ist, komplexe Themen einfach zu erklären. So haben auch Leser ohne Vorkenntnisse die Chance, die Zusammenhänge zu verstehen und dieses Wissen für sich zu nutzen. Das Buch enthält zahlreiche Beispiele aus der Praxis und aktuelle Hinweise auf die Rechtsprechung und auf Schreiben des Bundesfinanzministeriums. Es ist sowohl für Anfänger als auch für Fortgeschrittene geeignet.

Profitieren Sie von den praktischen Erfahrungen des Autors als erfolgreicher Immobilieninvestor, Jurist mit Spezialisierung im Steuerrecht und als kaufmännischer Projektleiter in der Immobilienbranche!

VERMIETUNG & MIETERHÖHUNG

Wegweiser zu Ihrem Erfolg:
Mit anwaltsgeprüftem Mustermietvertrag
Als gebundene Ausgabe, Taschenbuch und eBook bei Amazon
erhältlich:
http://amzn.to/22FlloI
ISBN: 978-0994853318 (Taschenbuch)
ISBN: 978-0994853394 (Gebundene Ausgabe)

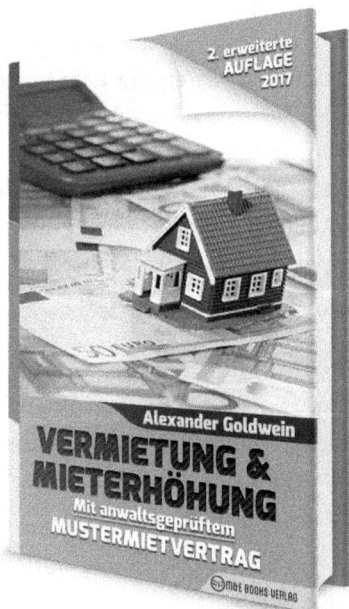

Dieser Ratgeber hilft mit umfassenden Informationen und praktischen Tipps, die Vermietung professionell anzupacken. Er führt verständlich in die praxisrelevanten Grundlagen des Mietrechtes ein und leitet daraus strategische Empfehlungen ab.

- Anwaltsgeprüfter Mustermietvertrag und zahlreiche Mustertexte für die praktische Umsetzung
- Strategien für die richtige Mieterauswahl
- Muster für professionelle Nebenkostenabrechnung
- Mieterhöhungen durchsetzen & Mietminderungen abwehren
- Entschärfung von Konfliktherden mit Mietern

Dieses Buch ist die 2. überarbeitete und aktualisierte Auflage 2017.

Was Leser über das Buch meinen:

Leicht verständlich und übersichtlich

"Dieser Vermietungsratgeber ist leicht verständlich geschrieben und sehr gut gegliedert. Es packt alle Themen an. Hilfreich ist auch das Mietvertragsmuster. Rundum empfehlenswert."

IMMOBILIEN STEUEROPTIMIERT VERSCHENKEN & VERERBEN

Erbfolge durch Testament regeln & Steuern sparen mit Freibeträgen & Schenkungen von Häusern & Eigentumswohnungen

Als gebundene Ausgabe, Taschenbuch und eBook bei Amazon erhältlich: http://amzn.to/2cAaoPs
ISBN: 978-0994853370 (Taschenbuch)
ISBN: 978-0994853349 (Gebundene Ausgabe)

Bei der Übertragung von Immobilien auf die kommende Generation muss vieles bedacht werden. Dieser Ratgeber zeigt Ihnen praxisorientiert und einfach verständlich, wie Sie Fehler vermeiden und die Gestaltungsspielräume optimal ausnutzen. Dabei geht es nicht nur um die Einsparung von Erbschafts- und Schenkungssteuern, sondern auch um eine optimale Gestaltung der Erbfolge zur Realisierung der folgenden Zielsetzungen:

- Optimale Gestaltung des Testamentes zur Übertragung von Immobilienvermögen
- Optimale und mehrfache Ausnutzung von Steuerfreibeträgen durch Schenkungen
- Absicherung des Schenkers und Senkung des steuerpflichtigen Übertragungswertes durch Nießbrauch, Wohnrecht und Leibrente

Der Autor Goldwein ist Wirtschaftsjurist mit einer Spezialisierung im Steuerrecht und im Immobilienrecht. Er ist selbst erfolgreicher Immobilieninvestor und hat darüber hinaus als kaufmännischer Projektleiter in der Immobilienbranche und als Syndikusanwalt in der Rechtsabteilung einer Bank gearbeitet. Mehrere seiner praktischen Ratgeber zu Kapitalanlagen in Immobilien sind Bestseller Nr. 1 bei Amazon geworden.

DIE GESETZE VON ERFOLG & GLÜCK

Ihr Weg zu finanzieller Freiheit & Zufriedenheit
Als gebundene Ausgabe, Taschenbuch und eBook bei Amazon
erhältlich:

ISBN: 978-3947201013 (Taschenbuch)
ISBN: 978-3947201136 (Gebundene Ausgabe)

Es ist die Frage der Fragen: Wie wird man als Mensch erfolgreich und glücklich?

Der self-made Millionär und Bestsellerautor Goldwein gibt Antworten und verrät in diesem Buch die Geheimnisse seines phänomenalen Erfolges. Innerhalb weniger Jahre ist der gelernte Jurist mit Kapitalanlagen in Immobilien Millionär geworden und darüber hinaus zu einem der erfolgreichsten Sachbuchautoren in Deutschland aufgestiegen. Er hat mit seinen Ratgeberbüchern viele Leser begeistert und zu wirtschaftlichem Erfolg geführt.

Aus dem Inhalt:

- Selbsterkenntnis als Schlüssel zum Erfolg
- Wege in die finanzielle Freiheit
- Chancen erkennen & nutzen
- Steigerung der Effizienz mit einfachen Mitteln
- Steigerung der Lebensqualität & Zufriedenheit
- Mehr Erfolg bei weniger Stress
- Unabhängigkeit & Freiheit erlangen

IMMOBILIENFINANZIERUNG FÜR EIGENNUTZER

Ratgeber für Kauf, Bau & Kredit

Als gebundene Ausgabe, Taschenbuch und eBook bei Amazon erhältlich:

http://amzn.to/2tCIoAc

ISBN: 978-3947201099 (Taschenbuch)

ISBN: 978-3947201105 (Gebundene Ausgabe)

Kauf und Finanzierung eines Eigenheims stellen langfristige und weitreichende Weichenstellungen dar. In diesem Ratgeber werden Sie zielgenau mit dem praxisrelevanten Wissen versorgt und in den Stand versetzt, Ihre Entscheidung auf einer soliden Informationsgrundlage aufzubauen.

Aus dem Inhalt:

- Strategien für eine intelligente Finanzierung mit Darlehen & Eigenkapital
- Staatliche Förderung des Eigenheimerwerbs (z.B. Wohn-Riester)
- Kauf einer gebrauchten Immobilie
- Kauf einer Neubauimmobilie vom Bauträger
- Kauf in der Zwangsversteigerung
- Kauf eines Grundstückes & Bau in Eigenregie
- Besonderheiten beim Kauf einer Eigentumswohnung

Sie erhalten umfangreiche Informationen und Checklisten für die Prüfung einer Immobilie auf Herz und Nieren. Als Bonus ist ein Excel-Rechentool für Immobiliendarlehen verfügbar. Mit diesem Ratgeber werden Sie in der Lage sein, den Kauf und die Finanzierung gut zu organisieren und teure Fehlgriffe zu vermeiden.

Der Bestsellerautor Goldwein beschäftigt sich als Bankjurist und erfolgreicher Investor seit fast 20 Jahren professionell mit Wohnimmobilien. Er ist mit Immobilieninvestments selfmade Millionär geworden. Mehrere seiner Bücher sind Bestseller Nr. 1 bei Amazon und haben zahlreiche Leser begeistert und zum Erfolg geführt.

FERIENIMMOBILIEN ALS KAPITALANLAGE

Ferienwohnungen und Ferienhäuser im Inland & Ausland erwerben, finanzieren & vermieten

Als gebundene Ausgabe, Taschenbuch und eBook bei Amazon erhältlich:

http://amzn.to/

ISBN: 978-3947201150 (Taschenbuch)
ISBN: 978-3947201167 (Gebundene Ausgabe)

Viele Menschen träumen von einer eigenen Ferienimmobilie in Deutschland oder im Ausland. Dieser Ratgeber zeigt Ihnen, worauf es beim Erwerb und bei der Finanzierung ankommt und wie Sie Fehler vermeiden. Für die klassischen Urlaubsländer Spanien und Florida werden exemplarisch die rechtlichen Rahmenbedingungen und Marktgepflogenheiten ausgeleuchtet, um Sie optimal auf den Kauf vorzubereiten.

Dieser Ratgeber deckt folgende Themenfelder ab:

- Kriterien für die Auswahl der Ferienimmobilie
- Kriterien für die Auswahl des Landes
- Ermittlung des angemessenen Kaufpreises
- Rechtssicherer Erwerb im Inland und im Ausland
- Eliminierung typischer Fehlerquellen
- Eigennutzung und Vermietung der Ferienimmobilie
- Ferienimmobilie als Kapitalanlage
- Steuerrechtliche Fragen bei Erwerb und Vermietung
- VISA-Anforderungen bei Auslandsimmobilien

Der Bestsellerautor Goldwein beschäftigt sich seit fast 20 Jahren professionell mit Immobilien. Er ist gelernter Jurist und hat in drei Staaten in drei Sprachen studiert. Mehrere seiner Bücher sind Bestseller Nr. 1 bei Amazon und haben zahlreiche Leser begeistert und zum Erfolg geführt.